KB173935

중국어의 상 : 안과 밖

Inner and Outer Aspect in Chinese

중국어의 상 : 안과 밖

Inner and Outer Aspect in Chinese

조 경 환

역락

서문

　필자가 중국어를 배울 때 가장 관심을 가졌던 분야는 바로 把字句와 '了'였다. 실제로 학위 논문 주제를 정할 때에 많은 고민을 했었지만, 결국 把字句를 선택하였다. 그럼에도 불구하고 把字句에 대한 연구가 진행될수록, '了'를 비롯한 상(aspect)에 관한 연구도 같이 진행할 수밖에 없었는데, 크게 두 가지 연유가 있었다. 첫째, 90년대 Yong(1993)을 비롯한 몇몇 학자들이 상의 개념으로서 把字句의 성질을 규명하려는 시도가 있었으며, 둘째, '把-NPV了'와 같은 특수한 유형의 把字句의 성립 여부를 논의할 때 動相보어(PVC) '了'에 대한 존재를 인식해야 했기 때문이다.

　把字句와 상의 또 다른 공통점은 이들에 관한 연구자료가 엄청나게 많다는 사실이다. 학자마다 다양한 해석을 하였으며, 같은 현상에 대해서도 정반대의 의견을 내놓는 경우도 허다했다. 그 중에서 대표적인 예문 중의 하나가 바로 "他寫了一封信, 可是沒寫完。"과 같은 문장인데, 이 문장의 정문 여부에 대해서도 의견이 대립될 뿐만 아니라, 설령 정문이라고 보더라도 왜 그러한지에 대해서도 중국 학자들을 포함하여 여러 견해들이 존재한다.

　사실 가장 간단한 해결책은 이 문장을 단순히 비문으로 보는 것이다. 그러면 종결이니 완성이니 복잡한 설명을 할 필요가 없다. 그러나 문제는 대다수의 학자들, 또는 모국어 화자들이 이 문장을 정문으로 보는 데에 있다. 그렇기 때문에 단순히 이 구문을 비문으로 처리하는 것은 사실 자기 위안일 뿐이라고 할 수 있다.

이처럼 상은 비단 把字句뿐만 아니라 중국어의 다양한 문법 현상과 연관이 있는 어찌 보면 언어학의 가장 핵심적인 분야라고 할 수 있다. 이 책에서도 살펴보겠지만 중국어의 상의 경우에는 다른 언어와 다른 특이성을 지녔기 때문에 더욱 그러하다.

비록 중국어의 상에 관해서는 龔千炎(1995), 戴耀晶(1996) 등의 개론서들이 있으며, 서양권에서는 Smith(1991), Xiao & McEnery (2004) 등이 있지만, 아쉽게도 우리나라에서는 몇몇 논문을 제외하고는 실질적인 개론서가 없는 실정이다.

필자는 작년(2014년)에 지도 교수님의 안식년 때 모교에서 대학원 수업을 맡은 적이 있었는데, 이때 거의 두 달간 집중적으로 상에 관한 수업을 진행하면서 개론서의 필요성을 절실히 느껴 부족하나마 이 책을 편찬하게 되었다. 비록 이전에 발표했었던 필자의 논문들을 수정·보완하였지만, 일부는 원래 논문보다 좀 더 전문적인 내용을 다루고 있다.

이 책은 크게 두 부분으로 나눌 수 있는데, 본서의 2·3·4장은 개론적인 성격이 강한 상의 기초부분을 다루고 있는 반면, 5·6·7장은 이러한 기초를 바탕으로 하여 상에 대한 좀 더 특정적인 주제를 다루고 있으며, 필자의 주관적인 견해가 좀 더 가미되었다.

또한 본서는 전반적으로 관점상(외재상)보다는 상황상(내재상)과 사건을 좀 더 다루고 있는데, 이는 필자가 좀 더 관심을 갖는 부분이기도 하며, 상대적으로 관점상 분야는 아직도 여전히 활발하게 연구가 되고 있어 정론을 내리기 어려운 점이 있기 때문이다.

필자에게 상 연구의 중요성과 흥미를 일깨워주신 은사 최규발 선생님께 깊은 감사를 드리며, 현재 출판업계가 위축된 상황에서도 흔쾌히 전공 서적의 출간을 허락해주신 역락 출판사의 이대현 사장님께도 감사의 말씀을 드린다.

부족하나마 이 책이 중국어의 상 연구에 도움이 되기를 바라면서 마지막으로 이 책을 사랑하는 아내와 두 딸 연재·연서에게 바친다.

2015년 2월

조경환

차례

　언어학에서 말하는 상(aspect)이라는 개념은 상당히 난해하다. 이는 상 자체가 단일 개념이 아닌 어휘상(lexical aspect)과 문법상(grammatical aspect)이라는 일종의 이중성(duality)을 지니기 때문이다.

　이러한 사실은 상 연구가 전통적으로 상 표지(aspect marker)라고 일컬어져 왔던 '了'·'着'·'過'에만 국한되는 단순한 문제가 아님을 의미한다. 예를 들면, 같은 동사가 쓰였다고 하더라도 하나의 문장 내에서의 반응은 달라질 수가 있는데, 아래의 예문 (1)의 경우 똑같이 동사 '吃'가 쓰였지만, 부가절과의 반응이 각각 다름을 볼 수 있다.

　　(1) a. *張三吃了三碗面, 可是沒吃完。
　　　　 b. 張三吃了那碗面, 可是沒吃完。　　　　(Liu 2003 : 13)
　　　　　 張三은 그 밥을 먹었으나 다 먹지는 못했다.

 이러한 현상이 발생하게 된 원인은 동사 '吃'와 공기하는 빈어가 다르기 때문인데, 이는 즉 '三碗面'이냐 '那碗面'이냐에 따라 그 문장의 상적 자질이 변할 수 있음을 암시한다.

 그러나 또 다른 문제는 예문 (1)과는 달리 어떠한 동사들은 빈어의 이러한 영향을 전혀 받지 않는다는 점에서 발생하는데, 예를 들면 예문 (2)는 빈어에 상관없이 모두 [상태 상황]을 나타낸다.

 (2) a. 瑪麗喜歡啤酒。　　　[상태 상황]
　　　 瑪麗는 맥주를 좋아한다.
 b. 瑪麗喜歡那些啤酒。　 [상태 상황]　　(楊素英 2000 : 86)
　　　 瑪麗는 그 맥주들을 좋아한다.

 이러한 사실로부터 우리는 중국어의 상을 논의할 때, 단순히 '了'·'着'··'過'의 성질에만 초점을 둘 것이 아니라 이와 공기하는 동사의 자질, 그리고 동사와 공기하는 다른 논항과의 관계도 함께 고려할 필요가 있음을 알 수 있다.

 게다가 중국어의 경우에는 상황상과 관점상이 모호한 경우도 존재하는데, 이러한 현상은 특히 "他把酒喝了。"와 같은 把字句에서 확인할 수 있다. 把字句에는 결과를 표시하는 기타 성분이 출현해야 하는데 이 경우에 '了'자가 그러한 역할을 한다. 다시 말해 이와 같은 '把-NPV了'에서 '了'자는 순수한 상 표지(aspect marker)로 보기 힘들며, 소위 動相보어(phase complement) 기능을 겸하는데, 이에 관해서는 뒤(6장과 7장)에서 자세히 다루도록 하겠다.

요컨대 중국어의 상(aspect) 개념은 다른 언어와는 달리 이러한 이중성이 복잡하게 얽혀있기 때문에 좀 더 파악하기가 어렵다고 할 수 있다.

이에 본서에서는 먼저 상의 개념을 살펴보고, 동사의 분류, 즉 동작류(aktionsart)와 기타 논항과의 상 합성 규칙을 제시한 후에, 문제가 있는 규칙들을 수정하고자 한다.

다음으로 중국어의 상과 관련하여 오랜 난제 중의 하나인 "他寫了一封信, 可是沒寫完。"을 다룰 것이다. 또한 이 문제를 다루기 위하여 중국어의 종결(telic)과 결과(result)의 공통점과 차이점을 자세히 논의할 것이며, 이를 기반으로 중국어의 대표적인 특수구문인 把字句의 處置性을 상적 관점에서 살펴볼 것이다.

마지막으로 중국어의 '了'·'着'·'過'가 다른 언어의 관점상 표지와는 달리 중국어 특유의 고유한 성질을 지니고 있음을 살펴볼 것이다. 또한 인지문법의 실상화 표지로서 다룬 木村英樹(2008)의 견해와 문제점, 그리고 이에 대한 대안을 논의해보고자 한다.

2장

중국어의 상(aspect)의 정의*

먼저 우리는 상(Aspect), 동작류(aktionsart), 상황상(situation aspect)의 개념과 관계를 분명히 인지할 필요가 있다. '상'이라는 용어는 때로는 관점상(viewpoint aspect)만을 가리키기도 하고, 때로는 관점상과 상황상(situation aspect)을 포괄하어 지시하기도 한다. 이 글에서는 전통적인 관점인 狹義의 의미(관점상)로 쓰일 때는 'aspect'로 표기하고, 廣義의 의미(관점상+상황상)로 쓰일 때는 'Aspect'로 표기하기로 한다.

실제로 상(Aspect)의 이중성에 관한 연구는 오래전(Bache 1982, Brinton 1988 등)부터 진행되어 왔는데, 그들의 주된 관심은 동작류(aktionsart)와 상(aspect)의 구분이었다. 동작류는 '행위의 종류(kind of action)'로서 한 상황의 본질적인 시간 속성들(intrinsic temporal qualities)을 표시하는 반면(Comrie 1976/1998 : 10), 상(aspect)은 한 상

---

* 이 장은 조경환(2009c)을 수정·보완한 것이다.

황에 대한 관점의 문제이다. 상(aspect)이란 용어는 슬라브어의 완료상(perfective)과 미완료상(imperfective)을 구분하기 위한 러시아어의 'vid(ВИД)'의 번역어로(Lyons 1977/2013 : 508), 이 용어 자체에 '시계(視界)', '시야(視野)'라는 의미가 내포되어 있다는 점을 유념할 필요가 있다.

Bache(1982), Brinton(1988)에 근거하여 동작류와 상의 특징을 정리하면 아래와 같다.[2]

〈표 2-1〉 동작류(aktionsart)와 상(aspect)

	동작류(aktionsart)	상(aspect)
①	어휘상(lexical aspect)	문법상(grammatical aspect)
②	상황상(situation aspect)	관점상(viewpoint aspect)
③	객관적(objective)	주관적(subjective)
④	내재상(inner aspect)	외재상(outer aspect)

동작류는 동사들의 어휘 의미와 관련되므로, 어휘적인 상이라고 할 수 있다. 또한 동작류는 화자의 시점에 상관없이 상황 내부의 사건 구조에 관한 것이므로 객관적이며 내재적이라고 할 수 있다.

여기에서 주의해야 할 점은 '동작류'는 원래 의미인 동사의 종류에서 그 용법이 확장되어 한 상황의 고유한 시간적 특성(정적/동적, 순간/계속, 종결/비종결, 계속/반복)을 나타내는 용어가 되었다는

---

2) Bache(1982 : 72), Brinton(1988 : 3) 참조.

점이다.[3] 실제로 Comrie(1976), Bache(1982), Brinton(1988) 등은 '동작류'를 Smith(1991)의 '상황상'과 동일한 의미로 사용하고 있다.

아래에서도 언급하겠지만, 본서에서는 용어의 혼돈을 피하기 위하여 '동작류'는 동사 분류에만 관계하는 것으로, '상황상'은 일반적으로 동사와 논항·부사류 등에 의해 표현되는 한 상황의 시간구조를 나타내는 것으로 사용하겠다.

〈그림 2-1〉 동작류와 상황상의 관계

① 동작류(aktionsart) → 동사 부류(Verb class)

② 상황상(Situation Aspect) → 동사 + 논항 + 비논항

상 합성
(aspectual composition)

중국어의 동작류와 상황상에 대해서는 3장에서, 상 합성 규칙은 4장에서 자세히 다룰 것이다.

상(aspect)은 주로 동사의 굴절 형태소 등에 의해 표시되므로 문법적인 상이라고 할 수 있다. 또한 상은 마치 카메라의 렌즈처럼 하나의 상황에 대한 화자의 특정 시점을 선택하므로 관점상이며, 주관적이라고 할 수 있다.

---

3) 최해영(1997 : 50) 역시 동작류(aktionsart)를 동사에만 국한시키지 않고, 동사의 논항 및 부사류까지 포함된 것으로 보았다.

일반적으로 중국어에서의 상(asepct), 즉 '관점상(viewpoint aspect)'
은 크게 두 가지로 나뉜다.[4] 하나는 화자가 사건의 전체를 보는
것을 나타내는 '완료상(perfective)'으로 '了', '過' 등이 있고, 다른
하나는 화자가 사건의 부분을 보는 것을 나타내는 '미완료상
(imperfective)'으로 '着', '在' 등이 있다. 이것을 그림으로 나타내면
다음과 같다.

<그림 2-2> 완료상과 미완료상(김종도 1996 : 118)

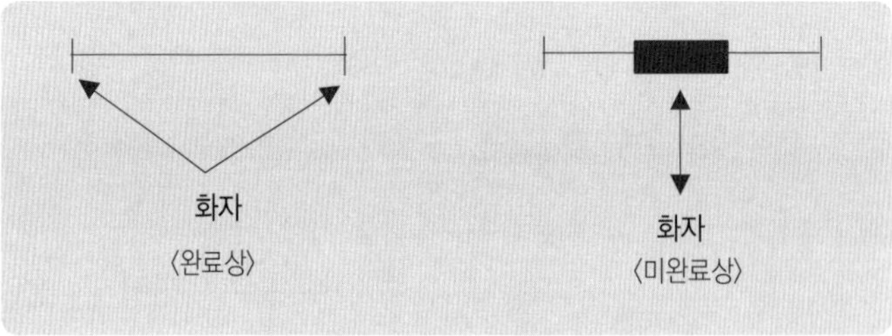

관점상이 완료상(perfectvie)과 미완료상(imperfectvie)으로 구분된다
는 데에는 그다지 이견이 없다. 그렇지만 중국어의 경우에는 이러
한 구분 역시 모호한 경우가 존재한다. 예를 들면 미완료상이라고
일컬어지는 '着'의 경우 종종 완료상화 기능(perfective function)을
갖는데, 이에 관해서는 7.3에서 자세히 논의할 것이다.

---

4) Smith(1991 : 364)는 완료상, 미완료상 외에도 관점상 형태소가 없어 문장을 상적으
   로 모호하게 만드는 중립 관점(neutral viewpoint)을 제시했다. 이 중립 관점은 본서의
   논의와는 직접적인 관련이 없으므로 생략하였다.

❂ 좀 더 읽을거리

상(Aspect)에 관한 일반적인 설명은 고전이라고 할 수 있는 Comrie(1976/1998)를 참고하길 바란다. 또한 일반 의미론 책에서도 상에 관하여 잘 개관하고 있는데, 예를 들면 Saeed(2003/2004)의 ≪최신 의미론≫, Keans(2000/2003)의 ≪의미론의 신경향≫ 등이 있다. 상에 대한 보다 고전적인 개괄은 Lyons(1977/2013)를 참고하길 바란다.

Givon(1993/2002)은 기능 영문법의 관점에서 영어의 상과 시제, 양상에 대하여 전반적인 설명을 하고 있다. 보다 자세한 내용에 관심이 있다면 Binnick(2012) 4장 전체 논문을 읽어보는 편이 좋다.

중국어의 상에 대한 전반적인 개관은 Smith(1991)의 11장에서 논의되고 있으며, Soh(2014) 또한 참고할 만하다.

중국어의 동작류와 상황상*

2장에서 이미 언급했듯이 '동작류(Aktionsart)'는 동사 분류에만 관계하는 것이며, '상황상(Situation aspect)'은 일반적으로 동사와 논항·부사류 등에 의해 표현되는 한 상황의 시간구조를 나타내는 것이다. 양자는 상호보완적인데, 상황상을 이해하기 위해서는 먼저 근간이 되는 동작류, 즉 동사의 분류부터 살펴 볼 필요가 있다. 따라서 본서에서는 먼저 동작류에 관한 여러 학자들의 견해를 살펴 볼 것이다.

3.1. 3분법과 4분법 – Tai(1984)와 鄧守信(1985)

언어학에서 동작류와 상황상 분류는 대부분 Vendler(1967)의 견해로부터 출발한다고 해도 과언이 아닐 정도로 그의 동사 분류는

---

* 이 장은 조경환(2005, 2009a)을 수정·보완한 것이다.

중요하다.

Vendler(1967 : 103-107)는 "활동은 독특하고 확정적인 시간 구간 (time period)을 요구하지 않는 반면, 완수는 독특하고 확정적인 시 간 구간을 암시한다. 성취는 독특하고 확정적인 시간 찰나(time instant)를 포함하며 한 순간에 발생하지만, 상태는 비 확정이고 시 간 구간동안 지속된다."고 하였다. 설명의 편이를 위해 Vendler (1967)의 동사 분류를 표로 정리하면 다음과 같다.[1]

〈표 3-1〉 Vendler(1967 : 107)의 동사 분류

	지속	진행	종결	예
상태(State)	+	−	−	like, have, believe, know, love
활동(Activity)	+	+	−	run, walk, swim, push a cart
완수 (Accomplishment)	+	+	+	paint a picture, build a house, write a novel, deliver a sermon
성취 (Achievement)	−	−	+	recognize, lose an object, reach the summit, win the race

위의 표에서 알 수 있듯이, Vendler(1967)는 3가지 기준 ─ [지속 (durative)] · [진행(progressive)] · [종결(telic)]에 근거하여 동사를 네 가 지 부류로 구분하였다.

먼저 상태·성취와 활동·완수의 차이는 진행상(progressive aspect) 으로 구분될 수 있다.[2]

---

1) Xiao & McEnery(2004 : 34)의 Vendler의 동사 분류를 참고하였다.
2) Vendler(1967 : 99)는 이를 '계속적인 시제(continuous tense)'를 지닌 동사와 아닌 동 사로 구분한다고 하였다.

(1) a. *I am *knowing*, or *loving* him or *ruling* the country. [상태]

　　b. He was *running* or *walking*, *pushing* the cart.　　　[활동]

　　c. They are *building* a house or *drawing* a circle.　　　[완수]

　　d. *I am *recognizing* her or *reaching* the top etc.　　　[성취]

(Yang 1995 : 11)

　상태와 성취는 진행상과 공기할 수 없는 반면, 활동과 완수는 진행상과 공기할 수 있다.

　한편 顧陽(1999 : 196)은 진행상이 아닌 다소 다른 기준으로 상태·성취와 활동·완수를 구분하였다. 예를 들면 상태·성취 동사는 施事(agent) 지향 부사와 공기할 수 없는 반면, 활동·완수 동사는 施事 지향 부사와 공기할 수 있다.

(2) a. *Xiao Ming *deliberately/cautiously/seriously* knew French.

　　b. Lili *deliberately/cautiously/seriously* drew a circle.

　이러한 대조는 활동·완수 동사가 상대적으로 施事 지향적이며 자주적인 동사이기 때문에 생기는 것이다.

　이상의 내용은 아래의 표로 정리할 수 있다.

〈표 3-2〉 4분법의 이분화

	진행상	施事 지향
상태·성취	−	−
활동·완수	+	+

활동과 완수의 차이는 다음과 같이 세 가지 방면에서 나타난다 (Tai 1984, Yang 1995). 첫째는 함의(entailment) 관계이고, 둘째는 시간 부사이며, 셋째는 'It took X some Y time to'와의 공기 가능성이다.

    (3) a. He was running. ⊃ He did run.

        b. He was drawing a circle. ⊅ He drew a circle.

    (4) a. He has studied Chinese for 5 years/ *in 5 years.

        b. He has learned Chinese *for 5 years/ in 5 years.

    (5) a. *It took him 5 years to study Chinese.

        b. It took him 5 years to learn Chinese.

위의 각 예문의 (a)에는 활동 동사가 쓰였고, (b)에는 완수 동사가 쓰였는데, 활동 동사의 경우에는 함의 관계가 성립되며, 'for 5 years'와 공기하는 반면 'It took~'절과는 공기하지 못한다. 이에 반해 완수 동사의 경우에는 함의 관계가 성립되지 않고, 'in 5 years'와 'It took~'절과 공기한다.

활동과 완수가 이러한 차이를 보이는 것은 결국 완수 동사가 활동 동사가 갖지 못한 '종결(telic)' 자질을 가졌기 때문인데, Vendler(1967 : 100)는 이에 관해 "활동 동사는 종결점(terminal point)을 갖지 않는 반면, 완수 동사는 행위가 도달해야만 하는 정점(climax)을 가졌다."고 하였다.

비록 Vendler(1967)가 선구적으로 동사 분류를 했다는 공로는 매우 크지만, 문제점도 존재한다. 이에 관하여 Xiao & McEnery (2004 : 327)는 Vendler의 분석이 기본적으로 어휘부에서 작용하므로, 어휘부에서 같은 동사의 이중 기입(double entry)이 불가피함을 지적하였는데, 이는 다시 말해 같은 동사가 왜 다른 부류에 속하는지에 관해서는 Vendler가 명확한 이유를 제시하지 않았다는 것이다. 예를 들면 동사 'run'과 'walk'는 활동에 속하면서도 'run a mile'과 'walk to school'에서는 완수에 속한다. 이러한 문제가 생기게 되는 근본적인 원인은 Vendler(1967)의 분류법이 동사에만 국한되어, 논항과 비논항과의 상호작용을 배제했다는 사실에 기인한다.[3]

이제 Vendler(1967)의 견해를 중국어에 적용한 Tai(1984)의 분류를 살펴보도록 하자. Tai(1984 : 291)는 영어 예문 (4)·(5)를 아래와 같이 중국어로 번역하였다.

(4′) a. 他學了五年的中文。/
　　　*他在五年內學了中文。
　　　그는 5년동안 중국어를 공부했다.
　　b. *他在五年內學了中文。/
　　　他在五年內學會了中文。
　　　그는 5년 안에 중국어를 배웠다.

---

3) 楊素英(2000 : 85) 역시 Vendler(1967)가 상황 유형과 동사 유형을 구분하지 못했다는 점을 지적하고 있다.

(5′) a. *他花了五年才學了中文。

　　b. 他花了五年才學會了中文。　　　　　　(Tai 1984 : 291)

　　그는 5년을 보내서야 중국어를 할 수 있게 되었다.

　Tai(1984)는 'study'를 '學'로, 'learn'을 '學會'로 번역했는데, 이는 중국어 완수를 '동사＋결과보어'로 본 것이다. 다시 말해 Tai는 영어의 완수 동사에는 결과가 내포되어 있으나, 중국어의 대응물의 경우에는 활동 동사와 결과보어에 의해 표시되어야 한다고 보았다.[4)]

(6) a. 我昨天寫了一封信，可是沒寫完。

　　b. *我昨天寫完了一封信，可是沒寫完。

　Tai(1984)의 이러한 견해에 대해 여러 학자들이 이의를 제기하였는데, 특히 Yong(1993 : 75)은 Dowty(1979)의 주장에 근거하여 완수 동사는 'finish'의 보충어로 발생할 수 있으나, 성취 동사는 발생할 수 없다는 사실에 근거하여, Tai가 제시한 완수 동사는 오히려 성취 동사에 가깝다고 주장하였다.

(7) a. John finished painting a picture.　　　　　[완수]

　　b. *John finished noticing the painting.　　　　[성취]

---

4) 같은 원리로 영어의 'kill'은 '殺死'로 번역되었다. Smith(1991) 역시 '동사＋결과보어'를 '완수'로 보았다.

(8) a. 他學完了中文。

    그는 중국어 공부를 마쳤다.

   b. *他學會完了中文。   (Yong 1993 : 75)

  사실 Tai(1984) 자신도 이러한 문제점을 인식하였는데, 그(1984 : 293)는 결국 결론 부분에서 중국어의 경우 영어와는 달리 완수동사가 존재하지 않는다고 하였다. 즉 Tai(1984 : 294)는 영어의 상태·활동·완수·성취의 4분법과는 달리 중국어의 동사 범주는 상태·활동·결과로 구분해야 된다고 하였는데, 이는 Tai(1984)가 중국어의 완수 동사가 영어의 완수동사와는 달리 동사 자체에 결과를 함의하지 않아 목표의 획득을 암시하지 않으며, 결과는 보어로 표시된다고 보았기 때문이다. 결국 Tai(1984)는 Vendler(1967)의 4분법에 근거하였지만, 실제 분석에 있어서는 중국어의 동작류를 3분법으로 구분한 것이다.

  鄧守信(1985) 역시 Vendler(1967)에 근거하였지만, 그의 분류는 Tai(1984)와는 다소 다르다.[5]

〈표 3-3〉 鄧守信(1985/2005 : 268)의 4분법

	慣常(∅)	進行(在, 着)	完成(了)	經驗(過)
상태	不喜歡吃肉	*在知道這件事	*會了游泳	*客氣過
활동	教書	在寫信	*走了路	找過房子
완수	*過去煮好飯	*煮好着飯	做了一個夢	*走到過大學
성취	*某種人不死	*氣球在破	油漆乾了	他病過

---

5) 鄧守信(1985)은 時段·時點·時頻으로도 상황 유형을 분석하였는데, 이를 정리하면 다음과 같다.

鄧守信(1985)의 4분법과 다른 학자들의 4분법의 차이점을 살펴
보면 다음과 같다.

첫째, 분류 자질을 역동·지속·종결이 아닌 상 표지(時態助詞)
'了'·'着'·'過'로 삼았다는 점인데, 이는 鄧守信이 상의 분포와
상황이 직접적으로 관련이 있다고 보았기 때문이다. '了'가 '종결
(telic)'로, '着'가 '지속(durative)'으로, '慣常(습관)'이 '역동(dynamic)'으
로 대응된다고 볼 수도 있겠지만, 경험상인 '過'를 분류 자질로 삼
은 것은 문제가 있어 보인다. 왜냐하면 대표적인 성취 동사인 '死'
의 경우에는 "*他死過."와 같이 성립되지 않기 때문이다.

둘째, 鄧守信의 분류 역시 정확하지 않은데, 특히 성취류가 그
러하다.6) 이는 鄧守信의 성취에 대한 정의가 독특하기 때문인데,
그(1985/2005 : 262)는 "성취는 동작 자체는 언급하지 않으며, 어떤
새로운 상황의 출현을 나타낸다. 완수와의 차이는 동작 층위에 있
을 뿐만 아니라, 목표의 존재가 없으며, 공통점은 '실현의 발생'이

	時段	時點	時頻
상태	상태의 지속 我認識他很久了。	— *他八點半喜歡四川菜。	
활동	활동지속범위 我走三個小時。	시작 또는 진행 중임을 표시 他昨天下午堆石頭。	활동 출현 빈도 小孩兒老哭。
완수	활동 완성시의 종점 他五分鐘吃了二十個餃子。	활동 완성의 종점 他六點半洗好衣服。	— *他經常寫好家信。
성취	변화의 기점 또는 종점 這只虫死了很久了。	상태 변화의 기점 또는 종점 病人六點半死的。	鯉魚很少死。

6) 鄧守信(1985)은 'achievement'를 '達成'으로 번역하였지만, 본서에서는 설명의 편이를
위해 '성취'로 통일하여 사용한다.

3장 중국어의 동작류와 상황상 **29**

다."라고 보았다.

비록 鄧守信(1985/2005 : 265)은 '성취'를 순간적이라고 언급하였지만 실제 분석에서는 다소 괴리가 있어 보이는데, 예를 들면 鄧守信(1985)이 '病'을 성취의 예로 제시하였지만, 일반적으로 '病'은 지속적이므로 상태로 분류된다.[7)]

셋째, ≪漢語動詞的時間結構≫라는 논문제목에도 불구하고 鄧守信(1985)의 4분법은 동사 자체의 분류라기보다는 상황 자체의 분류인데, 이는 鄧守信(1985/2005 : 261)이 상황은 사람과 사람간의 교제에서 최소한의 완전한 정황으로, 일반적으로 하나의 단문이 대표가 된다고 보았기 때문이다. 鄧守信(1985/2005 : 262) 역시 "다른 상황은 비록 동사분류와 상당히 관계가 있지만 기본적으로 문장의 술어(謂語) 분류이지, 동사 자체의 분류는 아니다."라고 말하면서 이점을 분명히 밝히고 있다.[8)]

한편 楊素英(2000)은 Vendler(1967), Tai(1984), 鄧守信(1985)의 분류와 견해를 종합하여 중국어 동사를 아래의 표와 같이 4가지 유형으로 정리하였는데, 현재로서는 이것이 가장 온전한 4분법이라고 할 수 있다.

---

7) 실제로 鄧守信(1985/2005 : 265)은 성취를 '死'류와 '病'류 두 부류로 나누었다.
8) 鄧守信(1985/2005 : 263)은 또한 "상황과 동사의 분류원칙은 두 개의 다른 각도이다." 라고 밝혔다.

〈표 3-4〉 중국어 동사의 4분법(楊素英 2000 : 83)

	역동	지속	종결	예
상태	−	+	−	相信, 愛, 有, 像
활동	+	+	−	跑, 推(車), 聽
완수	+	+	+	寫(一封信), 盖(一座房子), 畵(一幅畵)
성취	+	−	+	死, 贏, 打, 想象

3.2. 5분법(1) – 陳平(1988)

陳平(1988)은 중국어의 시간체계는 시상(時相)·시제(時制)·시태 (時態)의 3元 구조로 구성되어 있고, 문장의 시간 특징은 시상·시 제·시태의 관련특징 및 그들 사이의 상호연결에 의해 결정된다 고 하였다.

상황유형은 문장의 시상구조의 특징에 따라 분류되어야 하므로, '了'·'着'·'過'와 같은 시태(관점상) 성분은 문장에서 제외되어야 하며, 이는 주로 문장성분의 어휘의미에서 결정되는데, 그 중 동 사가 가장 중요한 역할을 하지만, 기타 어휘성분 역시 일정한 기 능을 지닌다고 보았다. 요컨대 陳平이 제시한 중국어의 시상(時相) 구조는 바로 상황상(Situation aspect)에 해당한다.

陳平은 시상을 구분하는 기준으로 [±정태(static)], [±지속(durative)], [±종결(telic)]9)의 3가지 자질을 제시하였는데, 이 자질들을 간단히

---

9) 陳平(1988)의 원문에서는 'telic'을 '完成'이라는 용어로 썼지만, 'completion'과 혼동을 피하기 위하여 본서에서는 '종결'이라는 용어로 통일하여 사용한다.

살펴보면 다음과 같다.

[+정태]는 동질적인(homogeneous) 시간적 상황이며, 속성동사 ('姓', '等於'), 지각동사('相信', '知道'), 자세동사('愛', '坐', '站', '躺') 가 이에 속한다. [−정태]는 역동적 상황이므로, 이 상태를 유지하기 위해서는 새로운 에너지의 공급이 필요하며, 이질적인(heterogeneous) 시간구조를 가지고 있다(Comrie 1976).

[±지속] 자질은 동태 상황과 관련이 있고, 정태 상황에는 근본적으로 지속과 비지속의 구별이 없다. [±종결] 자질은 상황의 자연적인 종결점의 유무 및 이 종결점으로 점차 발전해가는 과정의 유무에서 결정된다. 예를 들면 "聽貝多芬第九交響樂。"에서 이 교향곡의 자연 종결점은 한 시간 전후이고, '聽音樂'는 내재적인 자연 종결점을 수반하지 않으므로 비종결이 된다.

이러한 자질에 근거하여, 陳平은 중국어의 상황유형을 상태 (state), 활동(activity), 완수(accomplishment), 복합변화(complex change), 단순변화(simple change)로 나누었는데, 이러한 유형들을 표로 나타내면 다음과 같다.10)

---

10) 본서에서는 'State'를 '상태'로, 'Activity'를 '활동'으로, 'Accomplishment'를 '완수'로, 'Simple Change'를 '단순변화'로, 'Complex Change'를 '복합변화'로, 'Semelfactives'를 '순간동사'로, 'Achievement'를 '성취'로 번역하였다.

〈표 3-5〉 陳平(1988 : 407)의 상 분류

	정 태	지 속	종 결
상 태	+		
활 동	−	+	−
완 수	−	+	+
복합변화	−	−	+
단순변화	−	−	−

陳平(1988)은 위의 표에 근거하여 다섯 가지의 상황유형을 아래
와 같은 도식으로 나타내었다.

〈그림 3-1〉 陳平(1988)의 상황유형 도식

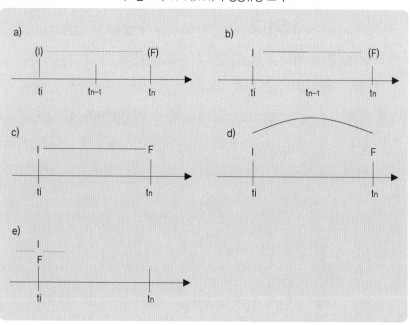

I는 상황의 시작점을 대표하며, F는 상황의 종결점을 나타낸다. a)는 상태이고, 가장 큰 특징은 정태성이다. 활동은 b)이며, 동태·지속·비종결의 특징을 가진다.

c)는 완수이며, 동태·지속·종결의 특징을 가지며, 활동과 달리 자연 종결점이 있다.

d)는 복합변화이며, 동태·비지속·종결의 특징을 가진다. 동작이 시작되면 그것은 종결점으로 향하며, 명확한 상태변화가 동작의 필연적인 결과로 작용한다.

e)는 단순변화이며, 동태·비지속·비종결의 특징을 가지며, 시작점과 종결점이 거의 겹쳤다. 위의 <그림 3-1>에서 알 수 있듯이, 상태는 시작점과 종결점이 모호하며, 활동에서 완수·복합변화로 갈수록 시작점과 종결점 사이의 거리가 점차 단축되다가, 결국 단순변화에서는 시작점과 종결점이 거의 겹치게 된다.

陳平(1988)은 또한 문장의 상황유형은 기타성분의 영향을 받을 수도 있으므로, 동일한 동사가 여러 종류의 상황에서 출현할 수 있다는 중요한 사실을 지적하였다. 예를 들면 활동 동사 대부분은 기타 문장성분과 함께 완수에 출현할 수 있다.[11]

그렇다면 이러한 여러 상황유형들 사이의 자질상의 차이는 어

---

11) 이러한 현상에 대해서는 Comrie(1976)도 이미 언급한 바 있다. Comrie(1976/1998 : 67)는 "John is singing."은 비제한적인 장면을 기술하고 있지만, "John is singing a song."은 제한적인 장면을 기술한다고 보았는데, 왜냐하면 이 장면에는 한 곡이라는 종결점이 있기 때문이다.

떻게 발생하는가? 陳平은 다음과 같이 설명하였다. 활동에는 '讀書', '背英文'에서도 볼 수 있듯이 불가산 명사 또는 추상 명사가 많이 출현하고, 가산명사가 쓰인다 하더라도 총칭적이다. 그러나 완수상황에 쓰이는 명사는 '讀那兩本書', '背第五課課文'과 같이 명확한 공간 또는 시간경계를 갖기 때문에 이런 류의 명사를 빈어로 지니는 동사는 그 내부에 자연종결점을 지니게 된다.

단순변화는 시작점과 종결점이 거의 겹치는 상태의 순간적인 변화를 겪는 것으로, '死', '塌', '打破', '推倒', '燒焦' 등이 여기에 속한다고 하였다. 복합변화는 단순변화에 비해 점진적인 변화를 하며, 이것은 '하나의 동작+동작의 결과'를 표시하는 행위 또는 상태로 구성되는데, '變爲', '改良', '惡化', '跑來', '飛回', '長大', '拉長' 등이 이에 속한다.

陳平의 체계에서 동보구조는 단순변화와 복합변화에 모두 출현하는데, 이들 사이에는 어떠한 차이가 있는 것일까?[12] 陳平은 복합변화 동보구조의 경우에는 보어가 이것에서 저것으로 약함에서 강함으로의 연속과정을 포함해, 동작의 시작점과 끝점 사이에는 하나의 점진적인 변화과정이 존재하는 반면, 단순변화에 출현하는 동보구조의 보어성분은 순간적인 변화를 표시하기 때문에, 중간의

---

12) 특히, 형용사가 쓰인 동보구조에 대해서 陳平은 '(正)在+形容詞+起來/下去'와의 공기성 여부로 단순변화와 복합변화에 출현하는 형용사의 차이를 포착할 수 있다고 하였다. 예를 들면 복합변화에 출현하는 형용사는 "他的胆子在一天天地大起來。"와 같이 쓰일 수 있으나, 단순변화에 쓰이는 형용사는 "*他在慢慢地錯起來。"와 같이 비문이 된다.

과도기적 단계가 출현할 가능성이 적다고 하였다.

Yong(1993)은 陳平(1988)의 이러한 분류에 기본적으로는 동의하였으나, 단순변화에 대해서는 이의를 제기하였다. 그는 단순변화가 종결자질을 가진다고 보았는데, 왜냐하면 그것이 비록 예비과정[13]을 가지지는 않지만, 이 상황은 즉각적인 변화가 일어나는 시간 축 위에서 종결점 F를 가지고 있고, 또한 그 상황은 결말 상태(end state)의 획득이라는 측면에서 영어의 성취(achievement)동사와 유사성이 크기 때문이다. 그런데 이렇게 되면 결국 단순변화와 복합변화의 자질이 같게 되므로, 龔千炎(1995)의 분류에서는 복합변화를 완수동사에 넣었고, 단순변화는 성취에 통합시켰다.

3.3. 5분법(2) – Smith(1991 · 1994)

Vendler(1967) 이후 여러 학자들이 각자의 견해를 제시했지만, 그 중에서도 가장 큰 반향을 일으킨 학자로는 단연 Smith(1991, 1994)를 꼽을 수 있다. 80년대 후반부터 끊임없이 상 연구에 몰두해 온 Smith는 마침내 1991년에 ≪Parameter of Aspect≫에서 '두 가지 상 구성요소'이론을 제시하였는데, 앞에서 살펴본 바와 같이 '상(Aspect)'을 크게 '상황상(Situation aspect)'과 '관점상(Viewpoint aspect)'으로 구분하였다.

---

13) 예비과정은 종결에 도달할 때까지의 과정이다.

비록 같은 5분법이지만 Smith(1991·1994)의 상 분류는 陳平
(1988)과는 다른데, Smith(1994)의 분류는 아래와 같은 표로 정리할
수 있다.

〈표 3-6〉 Smith(1991·1994)의 상황상 분류

	정태	지속	종결	예
활 동 (activity)	−	+	−	laugh, stroll in the park, 走, 找, 欣賞, 學
순 간 (semelfactive)	−	−	−	tap, knock, cough, 踢, 打門, 咳嗽
완 수 (accomplishment)	−	+	+	build a house, walk to school, 造一座橋, 走去學校, 拉開那扇大門, 飛到香港
성 취 (achievement)	−	−	+	win the race, reach the top, 死, 打破, 找到, 碰見
상 태 (state)	+	+	−	know the answer, love Mary, 存在, 屬於, 像, 高興

陳平(1988)과 마찬가지로 Smith(1991)는 동사가 아닌 문장 층위
에서 상황상을 논의했으며, 또한 네 가지 동사 외에도 순간 동사
(Semelfactives)를 추가하였다. 순간 동사(Semelfactives)에서 'Semel'은
라틴어로 'once'를 의미하는데, 이것은 예비단계 또는 결과가 없는
가장 단순한 유형으로 역동적·즉각적·비종결적이며, Smith(1994 :
134)는 이를 다음과 같이 묘사하였다.

(9) 순간동사 도식 : E (단일−단계 사건 표시) (Smith 1994 : 134)

그런데 이 순간 동사를 판단하는 기준은 학자마다 조금씩 다르

다. Smith(1991)는 순간 동사를 비지속, 즉 점성(punctuality)으로 판단했으나, Yang(1995)과 Xiao & McEnery(2005)는 순간 동사를 경계성(boundedness, 時限)으로 판단했다. 따라서 Smith(1994)는 순간동사의 지속자질을 [−]라고 본 반면, Yang(1995)과 Xiao & McEnery(2005)는 [±]라고 보았는데, 이들은 '搖着頭嘆息'에서처럼 순간 동사가 단일 사건[+]에서 다중 사건[−]으로 전환하는 경향이 있다고 하였다.

만약 순간 동사가 다중사건으로 전환된다면, 활동과 비슷하게 되지만, 몇 가지의 차이가 존재한다.[14)

첫째, 앞에서 언급했듯이, 순간 동사는 쉽게 다중사건의 해석을 얻을 수 있는 반면("John coughed."/"打了你幾天。"), 활동 동사는 지속적인 단일 사건만을 나타낸다("他一直在哭。"). 이러한 차이는 진행형일 때 좀 더 분명해지는데, "Mary was coughing."에서는 순간 동사이며, "Mary was walking."에서는 활동 동사이다.

둘째, 순간 동사와 활동 동사를 동류(cognate) 명사로서 묘사한다면 역시 그 차이를 알 수 있다. 'A cough'는 폐로부터 공기의 단일 분출을 의미하며, 이 분출은 시간적으로 제한된다. 그러나 'A walk'와 같은 활동의 동족(cognate) 명사는 다리의 단일 동작이 아니며, 이론상 무한대로 확대될 수 있다.

---

14) 순간 동사가 다중 사건으로 전환된다면, Smith(1994)의 체계에서는 활동과 똑같이 [역동]·[지속]·[비종결] 자질을 갖게 된다. 이는 다른 자질이 추가될 필요가 있음을 암시하는데, 실제로 이후 순간과 활동을 구분하기 위하여 [경계] 자질이 추가되었다.

또한 Smith(1991·1994)에게 있어서 종결(telic)은 완성(completion)을 의미한다는 사실을 유념할 필요가 있다. 실제로 Smith(1997 : 288)에서 "완성은 완수의 필수 자질인데, 왜냐하면 그들은 종결적이기 때문이다."라고 언급하였다.

사실 종결(telic)과 완성(completion)이 동일 개념인지에 관해서는 오래전부터 논쟁이 있어왔으며, 이와 같은 문제를 해결하기 위해서 Yang(1995)과 Xiao & McEnery(2004)는 새로운 분류법을 제공하였다.

요컨대 Smith(1991·1994)의 5분법은 4분법의 활동 동사로부터 순간 동사를 구분한 것이다.

3.4. 5분법(3) – Yang(1995 · 1998 · 2000)

Yang(1995)의 동작류 분류는 다음과 같다.

〈표 3-7〉 Yang(1995 : 57)의 동작류 분류

	역동	경계	종결	결과	예
상태동사	–	–	–	–	know, love, resemble, 知道，愛，住
활동동사	+	–	–	–	run, walk, push, 跑，走，轉，開，推
순간동사	+	±	–	–	cough, flash, jump, knock, 敲，閃，咳，跳
완수동사	+	+	+	–	build, cook, knit, eat, 修，造，寫，吃
성취동사	+	+	+	+	win, die, arrive, freeze, 贏，死，到

얼핏 보기에 Yang(1995)의 분류는 Smith(1994)의 그것과 크게 달라 보이지 않는다. 그러나 상 분류 자질에서 미세한 차이가 존재하는데, 즉 Smith(1991)의 [정태]·[지속]·[종결]에서 [역동]·[경계]·[종결]·[결과] 4가지로 증가하였다. 이는 기존의 [종결]을 [종결]·[결과]·[경계]로 세분화하여 완수 동사와 성취 동사로 구분한 것이다.15)

Smith(1994)는 [지속]으로 완수와 성취를 구분하여 두 가지 모두 필수적으로 '상태의 변화(change of state)'를 겪는다고 보았다. 이에 반해 Yang(1995 : 33)(이후 Xiao & McEnery 역시)은 [종결]을 최후 공간 끝점으로 보았으며, 필수적으로 [결과]를 부호화할 필요는 없다고 하였다.

(10) a. He ate *in an hour/for an hour.
    b. He ate an apple in an hour/*for an hour.

반면 [+결과]는 최후 공간 끝점을 지시하는 추가적인 논항의 유무에 상관없이, 항상 종결 해석을 가진다.

(11) a. He won a game in a minute/*for a minute.
    b. He won in a minute/*for an hour.

---

15) 楊素英(1998, 2000)은 순간 동사를 '有時限活動詞'로 번역하였다.

요컨대 성취 동사 자체에는 [결과]가 부호화되어 있고, 완수 동사는 결과를 암시만 하고, 그 암시된 결과는 NP 또는 PP에 의해 명시될 수 있다. 예를 들면 '打'는 결과 지향적인데, '打一個字'는 결과가 실현되었는지의 여부를 나타내지 않는다. '贏'자는 빈어에 상관없이 단어 자체에 결과가 내포되어 있다. 이러한 연유로 楊素英(1998, 2000)에서는 완수 동사를 '有結果指向詞', 성취 동사를 '有結果實現詞'로 번역하였다.

다시 말해 완수 동사는 어떤 산출(outcome) 또는 결과를 이끄는 과정을 강조하고, 동사 자체에는 산출 또는 결과의 성공 또는 성취에 관한 어떠한 정보도 제공하지 않는다. 과정을 이끄는 산출 또는 결과는 동사의 NP 논항에 의해 서술된다. 성취 동사는 스스로 결과를 부호화한다.16)

Yang(1994 : 34)은 '점성(punctuality)'을 결과 부호화의 부작용으로 보았는데, 이 말은 진행성이 성취 동사 판단에 적절치 않음을 암시한다. 왜냐하면 "我們正在打贏這場戰爭。"과 같이 어떤 성취 동사는 시간이 걸릴 수도 있기 때문이다. 이에 Xiao & McEnery (2004)는 성취 동사 또는 상황 자체가 결과를 부호화할 때에만(+ 결과보어, +得, +把), [+결과] 자질을 가진다고 하였다. 이 자질은

---

16) [경계] 자질은 시간상의 끝점(endpoint)으로 예를 들면 "李四跑了。"는 단순히 활동 유형이지만, '一個小時'라는 시간구를 첨가한다면, "李四跑了一個小時。"와 같이 시간적인 경계가 생기게 된다. 이에 관해서는 뒤(4.3)에서 좀 더 자세히 다루도록 하겠다.

'可是沒V完'으로 판단되는데, 예를 들면 "*他寫完了一封信, 可是沒寫完。"이 된다.[17]

3.5. 6분법 – Xiao & McEnery(2004)

Xiao & McEnery(2004)는 Smith(1991)와 Yang(1995)의 견해에 기초하여 상황상을 어휘 층위와 문장 층위로 이분화하였고, 그 가설들을 영어와 중국어 코퍼스에 대조하여 검증하였다.

Xiao & McEnery(2004)의 동작류는 아래의 표와 같다.

〈표 3-8〉 Xiao & McEnery(2004 : 339)의 동작류 분류

분 류	[역동] Dynamic	[지속] Durative	[경계] Bounded	[종결] Telic	[결과] Result
활동동사 Activity	+	+	−	−	−
순간동사 Semelfactives	+	−	±	−	−
완수동사 Accomplishment	+	+	+	+	−
성취동사 Achievement	+	−	+	+	+

---

17) Verkuyl(1989 : 45) 역시 성취 동사도 진행형에 쓰일 수 있음을 지적하였는데, 예를 들면 다음과 같다.

a. She is winning this game.
b. He is dying.
c. She was reaching the top.
d. Look at the screen, The challenger is exploding now.

분 류	[역동] Dynamic	[지속] Durative	[경계] Bounded	[종결] Telic	[결과] Result
동일성 상태 Individual Level States(ILS)	−	+	−	−	−
단계성 상태 Stage-Level States(SLS)	±	+	−	−	−

Yang(1995)의 분류와 비교하여 알 수 있는 가장 큰 특징은 상태 (State)의 이분화라고 할 수 있다. 사실 상태가 단일하지 않거나 동질 적이지 않을 수 있음은 좀 더 일찍이 관찰되었는데, 鄧守信(1985/ 2005 : 267)은 실제 분류에서는 반영하지 않았지만, 상태(state)를 크 게 '안정된 상태(stable state : '大', '高', '知道', '胆小', '勇敢')'와 '잠정적 상태(temporary state : '納悶', '難堪', '異', '燙')'로 나눌 수 있다고 언급하였다.

Yang(1995)은 처음(1995)에는 '상태'에 관하여 별다른 언급을 하 지 않다가, 그 이후(1998 · 2000)에 상태에도 정도의 차이가 있음을 인식하고, 상태를 다음과 같은 세 가지 하위 유형으로 구분하였다.

> (12) a. 속성과 관계 표시 : 姓, 屬於, 是, 等於
>   b. 심리상태와 희망 : 喜歡, 愛, 恨, 知道
>   c. 존재 표시 : 存在, 有

Yang은 비록 상태를 위와 같이 구분하였지만, 상황 부류에 있 어서는 여전히 한 범주로 보았는데 이러한 사실들로 볼 때 Xiao

& McEnery(2004)가 본격적으로 상황 유형 부류에서 상태를 구분했다는 점은 의의가 크다고 할 수 있겠다.

그들은 상태를 '동일성 상태(ILS)'와 '단계성 상태(SLS)'로 나누었는데, ILS는 개인의 고유하고 영원한 기질들을 서술하며, 시간과 장소에 상관없이 변화가 없으므로, 최종 시간적 또는 공간적 끝점을 가지지 않는다. 그들은 일반적으로 한 개인의 영원한 자질을 서술하며, 결과를 부호화하지는 않는데, 예를 들면 '漂亮', '象', '是', '等於', '屬於', '當作' 등이 있다. SLS는 개인의 일시적이고 비정규적인 단계를 표현하는데, 이는 시간과 장소에 따라 변하고, 일반적으로 한 개인의 덜 영원한 단계들을 서술한다는 점에서 결과를 부호화하지 않으며, 예를 들면 '病', '忙' 등이 있다.

결국 Xiao & McEnery(2004)의 6분법은 Yang(1995·1998)의 5분법의 기초 하에 상태를 구분한 것이다. 상태의 이러한 구분은 Vendler(1967 : 111)와 鄧守信(1985/2005 : 267)에서도 보이기는 하지만 그들은 언급만 했을 뿐 동작류에서 본격적으로 구분을 하지는 않았다.

지금까지 우리는 중국어 상황상에 대한 여러 학자들의 견해를 살펴보았다. Vendler(1967)가 동사의 부류에 치중한 반면, Smith(1991, 1994) 등은 문장 층위에서 상황 유형 부류에 치중하였다. 그렇다면, 동사의 상황 상과 문장의 상황 상은 어떠한 관계가 있으며, 양자 간의 차이는 어떠한 원리로 발생하게 되었는가? 이에 관해서는 다음 장에서 살펴보기로 하겠다.

❂ 좀 더 읽을거리

중국어의 동사와 상황 분류는 본서에서 언급한 것 외에도 He (1992)에서 본문과는 다른 관점으로 다루고 있으므로 참고할 만하다. 顧陽(1999) 역시 중국어의 동사 분류에 관하여 전반적으로 소개하고 있다.

그러나 중국어의 상과 상 분류에 관한 가장 훌륭한 개론서는 龔千炎(1995)이라고 할 수 있다. 이 소책자에는 몇몇 문제점이 있기는 하지만 기존 연구를 가장 간단명료하게 개괄하고 있다.

4장

중국어의 상 합성 규칙*

  3장에서 살펴본 바와 같이 같은 어휘상(lexical aspect)을 다루더라
도 어떤 학자들(Vendler 1967, Tai 1984)은 동사에 초점을 두기도 하
고, 어떤 학자들(鄧守信 1985, Smith 1991)은 문장에 초점을 두기도
했다.[1] 동사, 즉 동작류에 초점을 둔 학자들은 어휘상의 부분만을
본 것이고, 문장의 상황상에 초점을 둔 학자들은 어휘상의 전체만
을 보고 부분을 보지 않았다. 이러한 현상을 상적으로 재해석하면
동작류는 어휘상의 미완료상이며, 상황상은 어휘상의 완료상이라
고 할 수 있겠다.

  어휘상에 대한 학자들의 견해가 이렇게 분분한 것은 소위 '상적
전환(aspectual shift)'이라는 현상이 존재하기 때문인데, 예를 들면
같은 동사 '喝'가 쓰였다 하더라도 "瑪麗喝了那些啤酒。"는 완수
(accomplishment) 상황에 속하며, "瑪麗喝了啤酒。"는 활동(activity) 상

---

* 이 장은 조경환(2009c)을 수정·보완한 것이다.
1) Xiao & McEnery(2004 : 40)는 Vendler(1967)식 접근법은 어휘 단계(즉 동사)에서만
   잘 적용되며, Smith(1991)식 접근법은 문장 단계에서만 잘 적용된다고 하였다.

황에 속한다.

이러한 '상적 전환'은 상의 합성적인 속성(compositional nature)에 기인한 것인데, 즉 한 문장의 상은 동사로부터 출발하여 차례대로 (기타) 논항들과의 합성 과정을 통하여 도출된다는 것이다.

중국어의 상에 관한 기존 연구들에서 상의 이러한 합성 과정과 규칙들은 상대적으로 경시되어 왔다. 이에 본서에서는 먼저 몇몇 학자들의 상 합성 규칙들을 간단하게 살펴본 다음, 그것들의 문제 점과 해결책을 제시해 보고자 한다.

4.1. Smith(1991)의 상 합성 규칙

상 합성의 기저는 동사(V)와 명사구(NP)라고 할 수 있으므로, 먼 저 이들의 관계부터 살펴보기로 하자. Verkuyl(2005)은 V와 NP간 의 상 합성 과정을 아래와 같은 <그림 4-1>로 나타내었다.[2)]

〈그림 4-1〉 세 가지 상적 분류의 해석 (Verkuyl 2005 : 23)

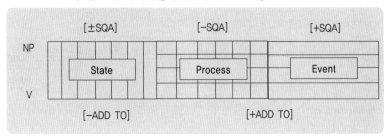

---

2) 상 합성에 관해서는 Verkuyl(1972)까지 거슬러 올라갈 수 있으나, 본서에서는 비교적 최근의 견해인 Verkuyl(2005)을 인용하였다.

동사의 [ADD TO] 자질은 역동적인 과정·변화를 표시하는 자질을 가진 것이며, [SQA] 자질은 물체의 상술된 양(Specified Quantity of A)을 표시하는데, 요컨대 [ADD TO] 자질은 [역동(dynamic)] 자질과 유사하며, [SQA] 자질은 [종결(telic)] 자질과 유사하다.[3]

그렇다면 위의 <그림 4-1>에 근거하여 아래 문장을 분석해보자.

> (1) a. Mary walked three miles.
> b. Mary walked miles.　　　　　　　(Verkuyl 2005 : 22)

예문 (1a)의 'walk three miles'와 예 (1b)의 'walk miles' 사이의 상적 차이는 아래의 (2)와 같이 설명된다.

> (2) a. V[+ADD TO] + NP$_2$[+SQA] $\Rightarrow$ [+Tvp]
> b. V[+ADD TO] + NP$_2$[−SQA] $\Rightarrow$ [−Tvp]
> 　　　　　　　　　　　　　　　　(Verkuyl 2005 : 22)

위의 예 (2)에서 [+Tvp]는 종결 동사구를 의미하며, [−Tvp]는 비종결 동사구를 의미한다.

명사의 종결성이 문장의 상적 해석에 영향을 미치는 예는 중국

---

3) Smollett(2005 : 43)에 따르면 Verkuyl의 [+ADD TO] 동사는 완수 동사 외에도 'walk'와 같은 자동사, 'push'와 같은 배치 동사를 포함하므로, 'push the cart'와 같은 문장을 종결 사건으로 잘못 예측할 수 있음을 지적하였다. Tenny(1994 : 36)는 'over'나 'away'와 같은 동사 접사를 첨가하지 않는 한, 'push'와 같은 동사의 직접 빈어는 필수적인 이동과 변화를 겪지 않으므로 'push the cart'를 비종결 사건으로 보았다.

어에서도 쉽게 찾아볼 수 있다.

(3) a. *瑪麗在一個小時內喝了啤酒。　[활동]
　　b. 瑪麗在一個小時內喝了那些啤酒。[완수] (楊素英 2000 : 76)
　　　瑪麗는 한 시간 안에 그 맥주를 다 마셨다.

위의 예문 (3)에서도 알 수 있듯이 원형 명사인 '啤酒'가 쓰이면 문장은 활동 상황에 속하기 때문에 부사 '在一個小時內'와 의미충돌을 일으키는 반면, 한정 빈어인 '那些啤酒'가 쓰이면 문장은 완수 상황에 속해, 부사 '在一個小時內'와 공기할 수 있다.

이와 같이 한 문장의 상적의미는 단순히 동사 자질에만 의존해서 결정되는 것이 아니며, 같은 동사라 할지라도 NP 논항의 자질에 따라 문장의 상 자질이 변할 수 있다.

또 다른 예를 살펴보도록 하자(Sybesma 1997 : 239).[4]

(4) a. 吃了一隻鷄才覺着有點香味兒。
　　　'Only after I had eaten a chicken, did I feel there was some nice flavor (to the meal).'
　　b. 吃了鷄才覺着有點香味兒。
　　　'Only when I ate (some) chicken, I felt there was some nice flavor (to the meal).' 또는
　　　'Only after I had eaten the chicken(s), did I feel there was some nice flavor (to the meal).'

---

4) 원문의 의도를 살리기 위해, 영어해석을 그대로 인용하였다.

위의 예문 (4)에서 볼 수 있듯이, 원형 명사 '鷄'가 쓰이면 문장은 물질과 한정적 해석 사이에서 애매하게 되지만, 빈어 '一隻鷄'는 하나의 개별적인 단위를 지시하게 되므로, 그 문장은 오직 단일 해석만을 갖게 된다.[5]

여기에서 우리는 문장의 상적 의미가 단순히 동사자질에 의해서만이 아닌 빈어 같은 다른 성분에 의해서도 영향을 받을 수 있음을 알 수 있다. 이는 한 문장의 상은 동사로부터 합성적으로 만들어진다는 것을 의미하며, 동사의 상인 동작류가 가장 기본적이기는 하지만 불변이 아님을 의미한다.

주의해야 할 점은 NP 논항이 항상 상 합성 과정에 참여하지는 않는다는 것인데, 예를 들면 상태 동사인 경우에는 NP 논항이 상적 작용을 일으키지 않는다(楊素英 2000).

(5) a. 瑪麗喜歡啤酒。

　　　瑪麗는 맥주를 좋아한다.

---

5) 영어의 비슷한 예를 살펴보자. 김종도(2002)에 따르면 "She sang the song/songs."와 같은 예에서, 'sang'이 'the song'과 함께 쓰이면 완수의 의미를 가지고, 'the songs'와 함께 쓰이면 활동의 의미를 가진다. Tenny(1994 : 24) 역시 빈어의 가산/비가산 성질이 사건의 제한성에 영향을 미친다고 하였는데, 예를 들면 다음과 같다.

① Chuck ate an apple (*for an hour/ in an hour).
② Chuck ate an ice cream (for an hour/ *in an hour).
③ Chuck ate apples (for an hour/ *in an hour).

그는 가산 명사구 'an apple'은 어떤 고정된 양과 함께 공간적으로 제한성을 암시하는 반면, 물질 명사구 'ice cream'이나 복수명사구 'apples'는 양의 불명확한 범위를 암시한다고 하였다.

b. 瑪麗喜歡那些啤酒。　　　　　　　　　　(楊素英 2000 : 86)

瑪麗는 그 맥주들을 좋아한다.

비록 Verkuyl(2005)이 주목한 것처럼 상은 합성적이며 동사와 명사 논항의 상호작용에 의해 결정되기는 하지만, 상 합성이 이들만의 전유물은 아니다.

Smith(1991 : 73)도 Verkuyl(1972·2005)의 견해와 비슷하다고 할 수 있는데, 아래와 같은 간단한 상 합성 규칙을 제시하였다.

(6) ① walk the dog

　　　　v[-종결] + nom[+가산] = vp[[-종결]]

　　walk to school

　　　　v[-종결] + pp[방향] = vp[[+종결]]

② build a house

　　　　v[+종결] + nom[가산] = vp[[+종결]]

　　build houses

　　　　v[+종결] + nom[물질] = vp[[-종결]]

즉 'walk'라는 비종결 V에 NP 'the dog'를 첨가하면, VP는 여전히 비종결이 되며, 만약 방향 PP 'to school'을 첨가한다면, VP는 종결이 된다. 'build'라는 종결 V에 가산 N 'a house'를 첨가하면, VP는 종결이 되고, 물질 N 'houses'를 첨가하면, VP는 비종결이 된다.

한 문장의 상황상은 NP 논항 외에도 다른 요소들에 의해서도

변할 수 있는데, Smith(1991 · 1994)는 방향 개사구(PP)와 時量詞 역
시 상 합성 과정에 참여할 수 있음을 제시했다.6)

> (7) v[순간] + 時量詞[지속] ⇒ [활동]
>> a. 他咳嗽咳了一晚上。
>>
>> 그는 저녁 내내 기침을 했다.
>>
>> b. 鳥拍翅膀拍了一個小時。   (Smith 1994 : 25)
>>
>> 새가 날개를 한 시간 동안 파드닥 거렸다.

　예 (7)의 '拍'와 '咳嗽'는 순간 동사들이지만, 時量詞7)가 첨가됨
에 따라 다중 사건으로 구성된 활동으로 바뀐다.8)

　비록 Smith(1991 · 1994)가 명사 논항 이외에도 PP · 時量詞 등
다른 기타 요소들에 의해 상적 자질이 변할 수 있음을 언급하였
다는 점에서 상 합성에 관해서 보다 발전적인 의견을 제시했지만,
그럼에도 불구하고 그녀가 제시한 규칙들은 단편적일 뿐, 그들 사
이에 존재하는 구체적인 관계들에 관해서는 명확하게 밝히지 않
았다는 한계가 있다.

---

6) Smith(1994 : 25)는 이에 관하여 상황 유형을 기본 단계와 파생 단계로 구분해야 하
　며, 파생 단계의 해석은 기본 단계 해석과 다를 수 있다는 것 또한 지적하였다.

7) Smith(1994 : 25)는 '一個小時'와 '一晚上'을 부사구(adverbials)로 표기했으나, 영어와
　달리 중국어의 경우에는 부사구보다는 '時量詞'로 표기하는 것이 보다 적절하다고 여
　겨지므로 위와 같이 표기하였다.

8) 이에 관하여 Smith(1994 : 25)는 상황 유형을 기본 단계와 파생 단계로 구분해야 하
　며, 파생 단계의 해석이 기본 단계의 해석과 다를 수 있다고 보았다.

4.2. 楊素英(2000)의 상 합성 규칙

중국어의 상 합성 규칙에 관해서는 楊素英(2000)에 이르러서야 비로소 여섯 가지 규칙들이 제시되었다.[9] 각각의 규칙들을 살펴보면 다음과 같다.

(8) 楊素英(2000)의 상합성 규칙들

① 임의의 동사(結果實現류 제외) + 결과/완성/방향/접촉사

= 結果實現 구

예) 상태동사 + 결과 = 結果實現 구

恨   透   恨透

활동동사 + 결과 = 結果實現 구

跑   累   跑累

② [-時限]동사 + 동사중첩 = [+時限] 동사

예) 走[-時限]   走了走[+時限]

③ 명사[α限定] + 동사[+終結] + 명사 = 情狀[α終結][10]

④ 명사 + 동사[+終結] + 명사[α限定] = 情狀[α終結]

⑤ 명사 + 동사[-時限/-終結] + 명사[附加賓語]

=情狀[+時限/+終結]

⑥ 基本句[-結果實現]+'得'자 = 超基本句[+結果實現]

---

9) Yang(1995)에서는 7가지 규칙을 제시하였는데, 기본적인 내용은 같다.
10) 'α'는 NP의 값이 상황의 값과 같음을 표시하는데, 예를 들면 NP가 '-'이면, 상황도 '-'이며, NP가 '+'이면, 상황도 '+'가 된다.

예) a. 小鵑氣。   [−時限, −動態]

　　b. 小鵑氣得哭了起來   [＋結果實現, ＋動態]

위의 합성 규칙에서 基本句는 단지 기본성분만 있을 뿐, 상황어와 기타 문장은 수식성분이 없는 문장이며, 初基本句는 문장 수식성분(동량명사, 시간보어, 得자구)이 있는 문장을 가리킨다. 즉 基本句는 Smith(1994)의 기본 단계(basic level)에 속하며, 初基本句는 파생 단계(derived level)에 속한다고 할 수 있다.

각각의 규칙을 살펴보면, 규칙 3은 주어가 가산 N이면, 상황이 종결됨을 나타내며, 주어가 비가산 N이면, 비종결 상황임을 나타낸다. 상적 합성 과정에서 외재 논항(주어)의 역할에 관해서는 의견이 분분한데, 楊素英(2000) · Verkuyl(2005)과 달리 Tenny(1994)와 Xiao & McEnery(2004)는 외재논항이 상적 합성 과정에 참여하지 않는다고 보았다. 외재논항의 상적 역할에 관해서는 향후 좀더 심도 있는 연구가 필요하다.

규칙 4는 목적어가 가산 N이면 종결상황이며, 목적어가 비가산 N이면 비종결 상황이라는 것인데 이에 관해서는 앞에서도 여러 차례 언급한 바 있다. 여기에서 한 가지 주의할 점은 楊素英(2005)은 규칙 3 · 4에 관해서 N의 한정성 여부보다는 가산성 여부로 판단했다는 것에 유념할 필요가 있다.

규칙 5는 Tenny(1994)가 제시한 규칙으로, 구체적인 예는 아래와 같다.[11]

(9) a. Mary laughed for an hour/*in an hour.

   b. Mary laughed a mirthless laugh in one minute/for one minute.

규칙 6은 쉽게 말해 '得'자가 결과를 유도한다는 것인데, 이는 '得'자가 '到'자와 같이 공간 또는 시간상의 '도달하다 · 도착하다' 의 뜻을 가진다는 Chao(1968)의 견해에 근거한 것이다.

楊素英(2000)은 이전 학자들과는 달리 동사와 논항, 그리고 비논항 간의 상적 관계에 관해서 구체적인 규칙을 제시하였는데, 이를 바탕으로 Xiao & McEnery(2004)는 보다 발전된 견해를 제시할 수 있게 되었다.

4.3. Xiao & McEnery(2004)의 상 합성 규칙

Xiao & McEnery(2004)는 楊素英(2000)의 견해에 근거하여 보다 정교한 상 합성 규칙을 제시하였다. Xiao & McEnery(2004)는 상황 유형을 크게 어휘 층위[12]와 문장 층위로 나누었다. 또 문장 층위에 관하여 세 가지 단계의 합성규칙을 제시하였는데, 이것을 살펴보면 아래와 같다.

   (10) 핵(nucleus) 단계 : 술어

---

11) 楊素英(2000)은 규칙 5에 대해서 중국어 예문을 제시하지는 않았다.

12) 어휘 층위는 본서에서 말하는 동작류와 같다.

중심(core) 단계 : 술어 + 논항

절(clausal) 단계 : 술어 + 논항 + 비논항

또한 Xiao & McEnery(2004)는 각각의 단계에 대하여 12가지의 규칙을 제시하였는데, 그들은 12가지의 규칙들을 중국어 주간 코퍼스의 통계와 비교하면서 규칙들의 타당성을 검증하였다. 먼저 핵 단계 합성부터 하나하나 살펴보도록 하겠다.

(11) 핵 단계 합성(nucleus level composition)

　　규칙1 : 동사[-종결/±경계]＋결과보어(RVCs) ⇒

　　　　　　　　　　　　　　파생된 술어[＋결과/＋종결]

　　규칙2 : 동사[-종결/±경계]＋중첩 ⇒ 파생된 술어[＋경계]

규칙 1은 [-종결] 또는 [-경계]동사에 결과보어[13]를 첨가하면, [＋종결]＋[＋결과]가 된다는 것인데, 예를 들면 "他喝了酒，可是沒喝醉。"라고는 말할 수 있지만, "他喝醉了酒，可是沒喝醉。"라고는 말할 수 없다.

규칙 2는 활동동사 또는 순간동사를 중첩시키면, 경계성이 생긴다는 의미이다.

---

13) Xiao & McEnery도 마찬가지로 3가지 유형의 보어를 제시하였는데, 즉 動相보어('寫完', '准備好'), 결과보어('殺死'), 방향보어('醒過來') 등으로 나누었다. 한편 Tenny (1994 : 38)는 결과보어는 빈어(측정논항)의 결말 상태(end state)를 의미함으로서, 모체동사(parent verb)를 상태변화 동사로 바꾸게 한다고 했다. 예를 들면 'hammer metal flat'에서, 결과보어 'flat'은 사건의 결말 상태를 나타내면서, 제한(delimiting) 해석을 갖는다고 하였다.

(12) 중심 단계 합성(core level composition)

규칙3 : 명사구+동사[±종결] ⇒ 중심[±종결]

규칙4 : 명사구+동사[-종결]+명사구 ⇒ 중심[-종결]

규칙5 : 명사구+동사[+종결]+명사구[±가산] ⇒ 중심[±종결]

규칙6 : 명사구+동사[-종결]+개사구[목표] ⇒ 중심[+종결]

규칙 3은 내재논항이 없다면, 외재논항의 명사적 특징에 상관없이 동사들의 자질에 의해서만 중심단계의 상이 결정된다는 것이다.14) 예를 들면 아래와 같다.

(13) a. 他來回走了(一個小時)。

그는 (한 시간 동안) 왔다갔다 했다.

명사구[+가산]+동사[-종결] ⇒ 중심[-종결]

b. 罪犯(五分鐘內)逃跑了。

범인이 (5분 안에) 도망갔다.

명사구[+가산]+동사[+종결] ⇒ 중심[+종결]

규칙 4는 [-종결]동사들은 내재논항의 명사적 특징에 상관없이 항상 비종결 상황들을 야기하고, 규칙 5는 [+종결]동사들은 [-종결]동사들과는 달리, 내재논항의 명사적 특징에 의존하여 상황상을 결정한다는 것을 의미하는데, 다음의 예와 같다.

---

14) Xiao & McEnery(2004)는 상 합성 과정에서 외재논항의 참여를 인정하는 Verkuyl (1989)의 견해를 비판하면서, 상적 합성과정에서 외재논항을 철저히 배제하였다.

(14) 作案分子(在十分中內)消除了脚印。

범인은 (10분 안에) 발자국을 없앴다.

명사구[+가산]+동사[+종결]+명사구[+가산] ⇒ 중심[+종결]

규칙 6에 대하여 Xiao & McEnery는 중국어에서는 목표가 주로 결과보어에 의해 표시된다고 하였으나, 필자는 把字句에서 "把花插在瓶子裏。", "把衣服扔在了牀上。"과 같이 개사구에 의해서도 목표가 표현될 수 있다고 여긴다.[15]

(15) 절 단계 합성(Clausal Level Composition)

규칙7 : 중심[-경계]+for-PP/from… to ⇒ 절[+경계]

규칙8 : 중심[+종결]+for-PP/from… to ⇒ 절[-종결]

규칙9 : 중심[±경계]+동량사 ⇒ 절[+경계]

규칙10 : 중심[+종결]+진행 ⇒ 절[-종결]

규칙 7은 경계자질이 없는 동사들인 활동동사·순간동사·동일성 상태·단계성 상태에 'for-PP/from… to'를 첨가한다면, 절 수준에서 경계자질이 생긴다는 것인데, 예를 들면 다음과 같다.

(16) 練了整整一年, 楊冰明快出師了。

꼬박 1년을 배워서, 楊冰明은 곧 수료할 것이다.

활동[-경계]+整整一年 = 경계지어진 활동

---

15) Tenny(1994 : 70) 또한 간접내재논항은 사건종점을 제공하고, 목표(PP로 나타남)로도 나타난다고 하였다.

규칙 8은 일부 완수동사에만 해당되는 것으로서, 완수동사가 'for-PP/from… to'를 취했을 때, 만약 끝점(end point)이 상술된 시간의 틀을 넘어선다면, 그것의 최종 공간 끝점은 제거된다는 의미이다. (17)에서 글을 쓰는 사건은 상술한 시간틀 내에서 완수되지 않았고, 따라서 절 수준에서 경계 지어진 활동으로 변하게 된다.16)

(17) They wrote from eight-thirty in the morning till twelve, and again from four till six.

그들은 아침 8시 반부터 12시까지, 그리고 다시 4시부터 6시까지 글을 썼다.

규칙 9는 순간동사와 활동동사가 동량사를 수반한다면, 경계 효과를 가진다는 의미이고, 그 예는 아래와 같다.

(18) 那漢子左右巡視了一番, 低聲說 [……]。

그 사내가 좌우로 한 차례 순시하고, 나지막한 목소리로 말하길 [……].

규칙 10은 관점상도 절 수준에서의 상황상의 합성작업에 참여함을 보여주고 있는데, 진행형 '在'는 종결 값을 비종결 값으로 바

---

16) 예문 (17)에서 'from… to'는 최종공간끝점이 실현되기 전에 종결상황을 경계 짓는 역할을 한다.

꾸는 역할을 한다. 이 말은 '在'가 최종 공간 끝점을 제거하는 기
능을 한다는 의미와 같다.

> (19) 美國政府正在整理一份[……]對日貿易制裁淸單。
> 미국정부는 한 부의 [……] 대일무역제재목록을 정리하고
> 있다.

필자는 결국 규칙 11과 12를 살펴보기 위하여 앞의 규칙 1부터
10까지를 살펴보았는데, 규칙 11과 12는 아래와 같다.

> (20) 규칙 11 : 중심[-결과]+得字句 ⇒ 절[+결과]
> 규칙 12 : 중심[-결과]+把/被字句 ⇒ 절[+결과]

'得'자의 결과보어 성질에 대해서는 이미 여러 학자들이 지적한
바가 있다. 이것에 관하여 Yong(1993)과 Yang(1995)은 대동소이한
정의를 내렸는데, 이런 '得'자는 결과보어/실현 형태소와 같이 요
소들의 제한을 부여한다고 하였다. '得'자나 '到'자가 공간 또는
시간상의 '도달하다, 도착하다'의 뜻을 가졌다는 견해는 Chao(1968 :
429)에 근거를 둔 것이다.[17)]

그러나 Xiao & McEnery(2004)는 Smith(1991)나 Yong(1993)과는

---

17) '得'자의 원래의 동사적 의미는 '획득하다'이고, 이것이 동사와 결합하여 '완성하
다・달성하다'(정도보어)라는 의미가 되고, 더 나아가 '가능하다'(가능보어)'의 의미
까지 허화 되었다고 한다. 이 得字句는 金・元시기에 把字句와 결합되었다고 한다
(유영기 1998).

달리, 종결(telic), 결과(result), 경계(bounded)의 자질 개념들을 구분
하였으므로, 得字句는 절 수준에서 [＋결과]를 갖게 된다고 보아야
하며, 把字句에 쓰인 경우는 아래와 같다.

    (21) a. 他把新衣服滾得粘滿了泥。   (楊素英 1998 : 10)
          그는 굴러서 새 옷을 진흙 범벅으로 만들었다.
       b. 這短短的幾步路已把我累得氣喘呼吁吁。(劉培玉 2001 : 80)
         이 짧은 몇 걸음이 이미 나를 숨을 헐떡거리게 했다.

Xiao & McEnery(2004)가 각 단계에 대하여 제시한 12가지의 세
부 규칙들을 표로 다시 정리하면 다음과 같다.

〈표 4-1〉 Xiao & McEnery(2004)의 상 합석 규칙

합성단계	규칙	실례
핵 단계 합성	① 동사[-종결/±경계]+결과보어 ⇒ 파생된 술어[＋결과/＋종결]	他喝了酒, 可是沒喝醉。
	② 동사[-종결/±경계]+중첩 ⇒ 파생된 술어[＋경계]	走了走 · 咳嗽咳了。
중심 단계 합성	③ 명사구+동사[±종결] ⇒ 중심[+/-종결]	他來回走了(一個小時)。 / 罪犯(五分鐘內)逃跑了。
	④ 명사구+동사[-종결]+명사구 ⇒ 중심[-종결]	他愛瑪麗。
	⑤ 명사구+동사[＋종결]+명사구[±가산] ⇒ 중심[±종결]	作案分子(在十分中內)消除了脚印。
	⑥ 명사구+동사[-종결]+개사구[목표] ⇒ 중심[＋종결]	Then we walked side by side *along the wall* for 10 minutes/*in 10 minutes.[18]

합성 단계	규칙	실례
절 단계 합성	⑦ 중심[-경계]+for-PP/from……to ⇒ 절[+경계]	練了<u>整整一年</u>, 楊冰明快出師了。
	⑧ 중심[+종결]+for-PP/from……to ⇒ 절[-종결]	They wrote *from eight-thirty in the morning till twelve*, and again *from four till six*.[19]
	⑨ 중심[±경계]+동량사 ⇒ 절[+경계]	那漢子左右巡視了<u>一番</u>, 低聲說 [……]。
	⑩ 중심[+종결]+진행 ⇒ 절[-종결]	美國政府<u>正在</u>整理一份[……]對日貿易制裁清單。
특수 구문	⑪ 중심[-결과]+得字句 ⇒ 절[+결과]	(五分鐘內)逗<u>得</u>小毛終於開花大笑。
	⑫ 중심[-결과]+把/被字句 ⇒ 절[+결과]	<u>把</u>這個意思告訴了小張。

위의 표에서도 볼 수 있듯이 Xiao & McEnery(2004)는 중국어의 상 합성 전반에 관하여 기존에 볼 수 없었던 구체적인 규칙들을 제시하였다.[20]

그러나 여기에도 몇 가지 문제점이 있는데, 하나는 把字句의 상 합성 규칙에 대한 규칙 12이며, 다른 하나는 상황상과 '了·着·過'와의 관계를 언급하지 않았다는 점이다. 첫 번째 문제는 본서의 6장에서 자세히 다룰 것이며, 두 번째 문제는 본서의 7장에서 자세히 다룰 것이다.

---

18) 규칙 6은 "Then we walked side by side along the wall *for 10 minutes/*in 10 minutes*."에서 알 수 있듯이 영어에만 적용될 뿐, 중국어에는 적용되지 않는다.

19) Xiao & McEnery(2004 : 74)는 규칙 8은 소수의 완수 동사에만 적용된다고 언급했을 뿐, 중국어의 구체적인 예를 제시하지는 않았다.

20) 이에 관해서는 필자(2005)의 4.3장을 참조 바람. 특히 楊素英(1998)과 Xiao & McEnery (2004)는 Smith(1991)의 [종결(telic)] 자질로부터 시간 끝점인 [경계(bounded)] 자질과 공간 끝점인 [결과(result)] 자질을 구분한 점은 유념할 필요가 있다.

✪ 좀 더 읽을거리

상 합성에 관해서는 Verkuyl(2005) 외에도 Verkuyl(1999)이 대표적이다. Krifka(2001)도 참고할 만하지만, 이러한 논문들은 논리 언어학이나 형식 의미론을 공부해야만 읽을 수 있다는 난점이 있다.

Rothstein(2004) 역시 형식 의미론에서 사건과 상의 합성을 다루었으며, 반면 Filip(1999)은 형식 의미론의 틀 없이 상 합성과 사건 유형에 관하여 논의하였다.

5장

중국어의 종결과 결과*

본장에서는 중국어의 종결(telic)과 결과(result)를 좀 더 심도 있게 다루고자 한다. 비록 어떤 학자들은 종결과 결과 개념을 동일시하기도 하지만, 필자는 이 두 가지가 밀접하기는 하나 결국은 다른 개념이라고 주장할 것이다.

중국어의 종결과 결과에 관련하여 "他昨天寫了一封信, 可是沒寫完。"이라는 유명한 문장이 있다. 이 구문은 비록 간단해 보이지만, 지금까지도 이 문장의 성립 이유에 관해서는 학자들마다 의견이 분분하다. 어떤 학자는 이 문장 자체의 성립 여부에 회의적이기도 하며, 어떤 학자는 화용론의 문제로 돌리기도 한다.

본서에서는 이러한 문제를 해결하기 위하여 먼저 기존 학자들의 종결 개념을 살펴본 다음, Smollett(2005)과 Xiao & McEnery(2004)의 견해에 근거하여 종결(telic)과 결과(result)를 구별할 필요성과 이

---

* 이 장은 조경환(2009a, 2011)을 수정 · 보완한 것이다.

러한 종결성 역시 기타 요소의 영향으로 변할 수 있음을 제시할
것이다. 또한 더 나아가 척도성(scalarity)의 미완성 효과와 수량사의
가늠(measure)/계산(counting) 작용을 도입하여 "他昨天寫了一封信, 可
是沒寫完。"이 성립되는 원인을 분석할 것이며, 이를 통해 중국어의
종결과 결과의 의미를 좀 더 분명히 파악해 보고자 한다.

5.1. T자질과 P자질

Yong(1993)은 "他昨天寫了一封信, 可是沒寫完。"이라는 문장 자체
의 성립 여부에 대해 의구심을 가졌는데, 예를 들면 아래의 예문
(1a)의 문장이 (1b)만큼 부자연스럽다고 여겼다.

> (1) a.? 他昨天寫了一封信, 可是沒寫完。
>   b. *他昨天寫完了一封信, 可是沒寫完。　　　(Yong 1993 : 78)

사실 Yong의 이러한 견해는 Dahl(1981)의 T자질과 P자질에 근
거한 것으로, 이를 먼저 살펴보면 다음과 같다.

〈표 5-1〉 Dahl(1981 : 81)의 T자질과 P자질

T 자 질	상황, 과정, 행위 등 또는 상황을 나타내는 동사, 동사구, 문장은 만일 그러한 행위가 그 자체로 끝나고 그런 후에 다른 상황으로 바뀌는 목표(goal)나 한계(limit)를 포함할 때에만 T자질을 가진다.
P 자 질	상황, 과정, 행위 등이 만일 그것이 T자질을 가지고, 문제의 목표점, 한계, 혹은 종결점이 실제로 성취되었을 때 오직 그 때에만 P자질을 가진다.

예를 들면 "I was writing a letter."와 같은 문장은 잠재적 종결만을 지니므로 T자질을 가진 것이고, "I wrote a letter."와 같은 문장은 P자질을 가진 것인데, 이러한 관계를 Dahl(1981)은 아래와 같은 표로 나타내었다.

〈표 5-2〉 T 자질과 P 자질의 조합(Dahl 1981 : 82)

	not − T	T
not−P	I was writing.	I was writing a letter.
P	(없음)	I wrote a letter.

Yong(1993)은 T자질과 P자질에 근거하여 완수(accomplishment)를 크게 잠재적(potential) 완수와 실제적(actual) 완수로 나누었다. 잠재적 완수는 동사구에 행위의 종결을 표시하는 양화된 명사구를 가지지만, 상표지 '了'를 포함하지 않는 것을 의미하는 반면, 실제적 완수는 양화된 명사구와 상표지 '了' 두 가지 모두를 가진 것을 의미한다.

따라서 (1a)의 "他昨天寫了一封信。"은 자연 종결점인 양화된 명사구 '一封信'을 가졌으며, '了'가 있어 행위가 순수하게 완성되었음을 나타낸다. 다시 말해 Yong은 (1a)가 완수의 잠재적 종료와 실제적 실현을 모두 포함하는 실제적 완수이므로, 뒤의 부가절 '可是沒寫完'과 의미충돌을 피하기 위해서는 (1)의 문장을 다음과 같이 수정해야 한다고 주장하였다.[1]

(2) a. 他昨天寫了信, 可是沒寫完。

   그는 어제 편지를 썼는데, 다 쓰지 못했다.

   b. 他昨天寫一封信, 可是沒寫完。

   그는 어제 편지 한 통을 썼는데, 다 쓰지는 못했다.

위의 예문 (2a)에서는 '一封信' 대신에 '信'이 쓰였고, '了'는 '寫信'의 행위가 어제 실행되었음을 강조하고 있다. 이에 반해 (2b)에서 '一封信'은 자연종결점을 표시하고, '了'가 생략되어 '寫一封信'의 행위가 완성되지 않았음을 나타낸다.

그러나 문제는 모든 학자들이 "他寫了一封信, 可是沒寫完。"과 같은 문장을 비문으로 보지 않는데에 있는데, 예를 들면 Smith (1990)나 이은수(2003), Soh & Kuo(2005) 등 많은 학자들이 이 문장을 정문으로 여기고 있다.

그렇다면 Yong(1993)과 이들의 견해 간에는 어떤 차이가 있는 것일까? 가장 큰 원인은 Yong(1993)이 '了' 자체가 행위의 완성 (completion)을 나타낸다고 보는 데에서 기인한다.[2] 그러나 사실 사건의 완성은 다른 요소들에 의해 나타나며, 설령 "他吃了三條魚。"에서처럼 '了'가 완성을 표시한다고 하더라도 이때의 '了'는 動相보어 '了'이지 완료상 표지 '了'가 아니다.[3] 따라서 우리는 다시

---

1) 결국 Yong의 주장은 (1a)의 앞부분과 (1b)의 앞부분이 동등한 의미로 쓰이고 있다는 것이고, 만약 (1b)가 비문이라면, 당연히 (1a)도 비문이 되어야 한다는 것이다.

2) 예를 들면 Yong(1993 : 78)은 "행위의 완성은 그 행위가 '완료상적'이라는 화자의 믿음을 지시하는 것으로서 이해할 수 있다(the concept of completion of an action as referring to the speaker's belief that an action is perfective)."고 하였다.

원점으로 돌아가서 "他昨天寫了一封信, 可是沒寫完。"을 고려할 필요가 있다.

5.2. 종결 사건과 빈어와의 대응관계

앞에서 살펴보았듯이 종결성(telicity)은 자주 사건을 가늠하는 직접 빈어와 관련되어 논의되어 왔다.[4] 종결 사건을 가늠하는 직접 빈어로는 일반적으로 증분 대상(incremental theme)을 취할 수 있는 동사(창조 동사와 제거 동사), 상태 변화를 나타내는 동사(change of state verbs) 그리고 경로(path) 빈어를 취할 수 있는 동사 등 세 가지 종류로 구분될 수 있다(Dowty 1991, Tenny 1994, Smollet 2005).

우리는 먼저 증분 대상의 예를 살펴보도록 하겠다. 증분 대상을 이해하기 위해서는 먼저 '준동형(homomorphism)'을 살펴볼 필요가

---

3) Chao(1968/2004 : 461)는 '動相보어(Phase complement)'를 행위에서의 결과 또는 목표보다는 첫 번째 동사에서의 행위의 형세를 표시하는 보충어라고 하였다. Li & Thompson(1981/1989 : 88) 역시 비슷한 정의를 내렸는데, 그들은 '動相보어'가 첫 번째 동사의 결과보다는 첫 번째 동사에 의해 묘사되는 동작의 유형이나 정도를 나타낸다면서, 예를 들면 '完', '住', '着(zhao)', '好' 등이 있다고 하였다.

4) Tenny(1994 : 10)는 이러한 빈어를 '직접내재논항(Direct Internal Argument)'이라고 하였는데, 이는 동사가 지시하는 사건을 상적(aspectual)으로 측정할 수 있는 논항, 즉 '동작 또는 변화과정을 측정하는 논항'이라는 의미이다. Tenny(1994 : 11)는 직접내재논항에 관한 제한 규칙 3가지를 내놓았다(Measuring-Out Constraint on Direct Internal Arguments).

> ① 단순 동사의 직접내재논항은 이동 또는 변화가 시간에 걸쳐 사건을 측정하지 않는 한, 제한되어서 그것은 필수적인 내재 이동 또는 변화를 겪지 않게 된다.
> ② 직접내재논항들은 '사건을 측정할 수 있는' 유일한 논항들이다.
> ③ 동사에 의해 묘사된 어떠한 사건에 대해서 하나 이상의 측정이 있을 수 없다.

있다. '준동형'은 한 사건의 부분과 그 사건에 종속된 빈어의 부분 사이에 발생하는 의존적인 관계를 말한다.

Dowty(1991 : 567)는 이 관계를 "x′는 x의 부분인데, 만약 종결술어가 x를 사건 e로 사상시킨다면 x′도 e의 부분인 사건 e′로 사상시켜야 한다."라고 정의 내렸는데, 이를 그림으로 나타내면 다음과 같다.

〈그림 5-1〉 증분 대상과 사건과의 관계 (Liu 1997 : 89)

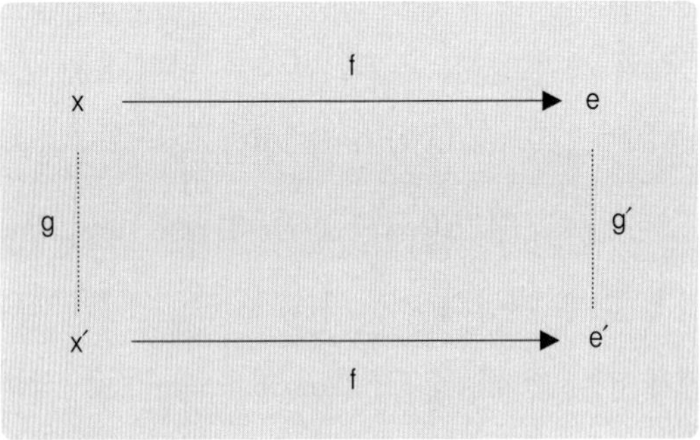

위의 그림 〈5-1〉에서 f는 준동형이고, g와 g′는 각각 (x, x′)와 (e, e′)에서 유지되는 비교 관계이다.

증분 대상을 예를 들어 설명하면 다음과 같다.

(3) John drank a glass of beer.
    존이 맥주 한 잔을 마셨다.   (Dowty 1991 : 567)

위의 예문 (3)에서 'a glass of beer'는 여러 하위 부분을 가진 한

객체이다. 그러나 이 하위 부분의 그 어느 것도 'a glass of beer'를
가리키지는 않는다.

사건이 진행됨에 따라 대상 'a glass of beer'에서 사건 'drink a
glass of beer'로의 사상(mapping)이 발생하고, 맥주의 하위 부분들
도 그 맥주의 하위 부분들을 마시는 사건으로 사상된다. 즉 맥주
가 반잔만 마셔졌다면 그 맥주를 마시는 사건 역시 반만 이루어
진 것이고, 맥주 한 잔이 마셔졌다면 그 사건 역시 완성된 것으로,
이때의 빈어 'a glass of beer'가 바로 증분 대상이다. 중국어의 예
를 들면 아래와 같다.

(4) a. 我吃了一條魚。
　　　나는 생선 한 마리를 먹었다.
　　b. 我寫了一封信。　　　　　　　　　(Sybesma 1999 : 91)
　　　나는 편지 한 통을 썼다.

예문 (4a)의 생선은 시간이 경과함에 따라 소실되었고, (4b)의
편지는 시간의 경과에 의해 창조되었다. 우리는 생선과 편지의 상
태에 근거하여 각각의 사건들이 어느 정도 진행되었는가를 알 수
있게 된다.

상태 변화 동사 역시 사건을 가늠하는 빈어를 가졌다.

(5) The baseball cracked the glass.
　　　야구공이 컵을 깨뜨렸다.　　　　　　　(Tenny 1994 : 16)

(6) 張三殺了劉六。　　　　　　　　　　　(Sybesma 1999 : 90)

張三은 劉六을 죽였다.

(5)의 '컵'과 (6)의 '劉六'는 상태의 변화를 겪었다.[5] 상태 변화 동사는 상태의 제한된 변화를 강요하거나, 마지막 상태의 함의를 전달한다.

(6)에서 劉六가 죽었을 때, 劉六는 살아있는 상태에서 죽은 상태로의 상태의 변화를 겪게 되고, 이 상태의 변화는 이 사건의 끝을 나타낸다.[6] 이 사건은 매우 순간적으로 발생하지만, '컵'과 '劉六'는 여전히 사건을 측정한다. 상태 변화 동사들은 사건의 시간적 종점이 반드시 빈어를 통해 증분적인 과정을 거쳐 성취될 필요가 없다는 점에서 증분 대상 동사들과 다르다.[7]

---

5) Tenny(1994 : 168)는 중국어에서의 상태의 변화를 주로 把字句와 연관시켜 논의하였다. "把字句는 상태의 변화, 영향을 받은 빈어 그리고 결과보어와 함께 공기할 수 있는데, 이에 우리는 빈어가 '가늠 상적 역할(MEASURE aspectual role)'을 지녔다고 말할 수 있다⋯⋯."
   a. 他把張三殺了。 그는 장삼을 죽였다.
   b. 李四把大衣穿着。 李四는 외투를 입었다.
   c. *李四把小明看見了。　　　　(Tenny 1994 : 167)
   a)와 b)의 예는 상태의 변화를 나타내는 반면, c)는 상태의 변화를 겪은 것이 아니므로 비문이 된다. 이에 관해서는 6장에서 좀 더 자세히 다루고 있다.
6) Kennedy(2010 : 7)는 상태 변화 동사들은 사건의 과정 중 척도 차원을 따라 빈어가 변하는 정도를 가늠하는 기능을 부호화한다고 보았으며, Hay(1999 : 141)는 상태 변화 동사들은 동사와 관련된 상태에 대응하는 등급 자질 사이에서 준동형이 존재한다고 보았다.
7) 다시 말해 이러한 상태 변화 동사가 겪는 변화의 경우는 증분적인 변화를 겪는 것이 아닌데, 예를 들면 "男子持刀將妻子殺成重傷。"과 같은 사건에서 남자가 아내를 죽이는데 힘을 좀 더 가할수록 그 사람의 건강이 반드시 더 악화된다는 것은 아니며, 아내 또한 신체의 부분적인 변화에 의해 죽은 것은 아니다(Chief 2007 : 86-87).

경로빈어의 예는 다음과 같다.

(7) Bill climbed the ladder.   (Tenny 1994 : 17)
　　 Bill이 사다리를 올라갔다.

'climbing' 사건은 경로 빈어인 'the ladder'의 거리와 길이에 의해 측정된다. 이런 경로 빈어의 경우 공간적 경계성이 시간적 경계성으로 전이되는데, 이것으로 우리는 사건을 측정할 수 있게 된다. 중국어의 예는 아래와 같다.

(8) 他把書放在桌子上。
　　 그는 책을 책상위에 두었다.

책은 그의 영향권에서 책상까지 이동하게 되고, 따라서 그 책은 이동한 경로에 근거하여 이러한 이동사건을 가늠하게 된다.

이와 같은 세 가지 유형의 직접 빈어는 비록 방식상의 차이는 존재하지만, 모두 사건의 변화를 가늠하는 하나의 척도(scale)라는 공통점을 가졌다(Hay 1999, Chief 2007).[8]

---

8) 증분 대상 역시 증분 대상의 크기·지역·공간 영역과 같은 공간 범위의 등급 자질을 포함했다는 점에서 일종의 척도성을 가졌다고 볼 수 있다(Hay 1994 : 141). 다시 말해 예문 (3)에서 사건의 진행은 맥주 자체가 아닌 맥주의 크기에 의해 가늠된다. Smollet(2005) 역시 경로를 따른 이동이 종결 빈어의 자질 또는 범위의 변화에 대응된다고 보았는데, 이는 Hay(1999)와 Chief(2007)의 견해와 기본적으로 동일한 것이다.

〈표 5-3〉 동사 유형과 준동형의 유형들(Chief 2007 : 65)[9]

동사 유형	준동형
창조와 제거 동사들	빈어의 물리 범위
상태 변화 동사들	상태의 등급가능 자질
이동 동사들	논항에 의해 횡단되는 경로

더 나아가 Chief(2007)는 정도의 변화에서도 이러한 준동형 관계
가 성립될 수 있음을 제시하였다.

(9) 他把帽子洗得很幹淨。　　　　　　　　　　(Chief 2007 : 83)
그는 모자를 깨끗이 씻었다.

모자의 상태는 더 많이 씻을수록 깨끗해진다. 즉 씻는 사건과
준동형 관계를 이루는 것은 모자의 깨끗함 정도에서의 변화이다.
결국 Chief(2007 : 70)는 사건 구조와 척도 구조 간에도 역시 준동형 관
계가 공통적으로 존재하며 이러한 관계를 아래의 〈그림 5-2〉와 같이
나타내었는데, 이는 사실 〈그림 5-1〉과 동일한 것이라고 할 수 있다.

〈그림 5-2〉 사건 구조와 척도 구조간의 준동형

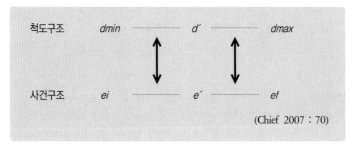

(Chief 2007 : 70)

---

9) 〈표 5-3〉은 Hay(1999 : 140-141)에 근거하여 Chief(2007 : 65)가 제시한 것이다.

위의 <그림 5-2>에서도 알 수 있듯이 종결 사건은 척도의 정도(degree) 변화에 따라 진행된다.

이와 같이 빈어의 제한성과 관련이 깊은 종결 사건(telic event)의 종결성은 for/in-시간 구 시험을 통해 확인할 수 있다.

    (10) a. John ate an apple *for an hour/in an hour.

         John이 사과 하나를 한 시간 안에 먹었다.

      b. John ate apples for an hour/*in an hour.

         John이 사과들을 한 시간 동안 먹었다. (Tenny 1994 : 24)

예문 (10b)에서는 apples의 크기가 비확정적이므로 즉 고유한 제한이 부족하므로 사건은 비종결적이다. 반면 (10a)의 'an apple'은 여러 하위 부분을 가진 하나의 개체임에도 불구하고, 이 하위 부분의 어느 것도 'an apple'을 가리키지는 않는다.

사건과 빈어간의 사상 관계는 창조·생산류 동사가 쓰인 'built'가 쓰인 경우에도 마찬가지로 성립된다.

    (11) Mary built a house *for a day/in a day.

        Mary는 하루 만에 집을 지었다.   (Tenny 1994 : 32)

한편 Wechsler(2005 : 260)는 종결 사건(telic event)이 아래와 같은 특징을 가진다고 하였다.

(12) ① 종결 사건과 그 경로는

    a) 구조 동형적이어야 한다(사건의 부분들은 경로의 부분들에 대응되어야 하며, 그 역도 역시 성립해야 한다).

    b) 동일 확대적이어야 한다(그 사건은 피영향 대상이 경로의 출발점에 있을 때 시작하며, 피영향 대상이 경로의 끝에 도달했을 때 끝난다).

  ② 피영향 대상은 사건 술어의 논항이어야 한다.

그러나 본서에서는 이러한 주장에는 동의하지 않으며, 종결성 (telicity)의 제한이 고정되지 않았다는 Smollett(2005)의 주장을 받아들일 것인데, 이는 종결 사건의 제한성이 의외로 견고하지 않기 때문이다.[10] Smollett(2005 : 50)에 따르면 앞에서 살펴보았던 예문 (10a)에 만약 적절한 문맥을 추가한다면 비제한 해석으로 전환될 수 있다.

(13) a. John ate an apple for a couple of minutes while talking on the phone.

    John은 전화로 이야기하는 몇 분 동안 사과 하나를 먹었다.

  b. John ate an apple for a couple of minutes, and then she read her novel.

    John은 몇 분 동안 사과 하나를 먹은 다음, 소설을 읽었다.

                          (Smollett 2005 : 50)

---

10) 여기에서 말하는 제한(delimitedness)은 시공영역에서 나타나는 사건의 끝점으로 동사 분류의 [경계(bounded)] 자질과는 구분된다. 즉 [제한=공간 경계+시간 경계]라고 할 수 있다.

예문 (11) 역시 아래의 예문 (14)와 같이 다른 빈어로 바꾼다면 종결 사건의 제한성이 약해짐을 알 수 있다.

> (14) Steven built a Lego tower for an hour/in an hour.
> Steven은 Lego 탑을 한 시간 동안/한 시간 안에 지었다.
>
> (Smollett 2005 : 55)

게다가 'mix'와 같은 상태 변화 동사가 쓰인 예문 (15)는 특정 문맥의 도움 없이도 제한과 비제한 해석 두 가지 모두에 쓰일 수 있음을 알 수 있다.

> (15) Thomas mixed the batter for 5 minutes/in 5 minutes.
> Thomas는 반죽을 5분 동안/5분 안에 섞었다.
>
> (Smollett 2005 : 48)

예문 (15)의 비제한 해석은 Thomas가 반죽을 섞는데 5분이 걸렸음을 의미하는 반면, 제한 해석은 Thomas가 어떠한 특정 환경, 가령 팬케이크를 만드는데 '혼합된(mixed)' 것으로 관습적으로 여겨질 수 있는 상태에 도달할 때까지 저었음을 의미한다.

Smollett(2005 : 52)은 예문 (10)과 같은 제거류 동사와 예문 (15)와 같은 상태변화동사가 쓰인 종결 사건의 제한성이 가변적임을 설명했을 뿐만 아니라 이를 아래와 같은 그림으로 설명하였다.[11]

---

11) Smollett(2005)은 제거(소비)·창조(생산)동사, 상태변화 동사 외에도 "Carolyn played

〈그림 5-3〉 양화된 DO가 쓰인 제거(소비) 동사

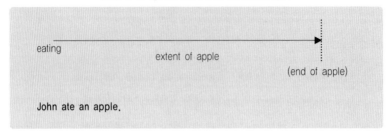

〈그림 5-4〉 양화된 DO가 쓰인 상태 변화 동사

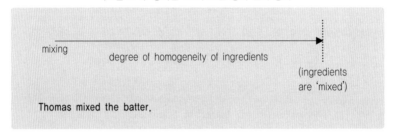

위의 그림에서 화살표는 사건 과정을 가늠하는 척도(scale)를 나
타내며, 끝점은 점선으로 표시되었다. <그림 5-3>에서처럼 제
거·창조 동사의 경우 정도는 빈어의 범위에 의해 만들어지며, 상
태 변화 동사의 경우 <그림 5-4>에서처럼 빈어 자질의 변화에
의해 만들어진다.

Smollett(2005 : 54)은 더 나아가 '가늠동사+DO'가 확실히 제한
해석을 갖기 위해서는 목표구·결과보어·불변화사 같은 진정한

---

the tune."과 같은 수행동사의 예도 들었는데, 이는 Tenny(1994)의 가늠 동사에 근
거한 것이다. Tenny(1994)의 가늠 동사는 완수 동사로 보아도 무방하다.

제한자(true delimiter)가 있어야 한다고 하였다.[12)]

이러한 견해를 Xiao & McEnery(2004)의 관점에서 재해석한다면, '가능동사+DO' 조합에서 DO는 주로 '종결(telic)'을 표시하는데, 이러한 종결 요소는 제한 해석을 함축은 하지만 함의하지는 않는다. 즉 추가 요소에 의해서 이러한 제한은 취소될 수 있다. 한편 제한자는 '결과(Result)'를 표시하므로 제한 해석을 함의하며 이는 취소될 수 없는데, 예를 들면 아래와 같다.

(16) a. *Kathleen ate an apple to the core for a couple of minutes while talking on the phone.

 b. *Kathleen ate up an apple for a couple of minutes while talking on the phone.

(17) Steven built a Lego tower to the ceiling *for an hour/in an hour.

 Steven은 Lego 탑을 천장까지 한 시간 안에 지었다.

(Smollett 2005 : 56)

예문 (16)의 'to the core'와 'up' 그리고 예문 (17)의 'to the ceiling'과 같은 제한자로 인해 이 문장들은 부가절 'for an hour'와는 공기할 수 없게 된다.

---

12) Lin(2007 : 48) 역시 중국어에서 양화된 증분대상이 필수적으로 양화된 술어를 야기하지는 않으며, 사건의 부분이 결과 상태를 함의하지 않는다고 하였다. 이은수(2003 : 55) 역시 종결점은 애초부터 행위 완결의 의미와는 무관하다고 보았는데, 따라서 Wechsler(2005)가 제시한 동일 확대성 조건은 문제가 있는 것으로 여겨진다.

제한자 요소는 밑의 도식에서 그려진 것처럼 DO에 의해 설립된 정도에 대한 의무적인 끝점을 만드는데, 이를 Smollett(2005)은 아래와 같은 그림으로 나타내었다.

〈그림 5-5〉 가능 동사, 양화된 DO, 그리고 제한자(Smollett 2005 : 56)

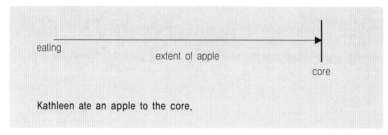

사실 Tenny(1994 : 36) 역시 결과보어와 동사 접사의 역할에 대하여 아래와 같이 언급한 적이 있다.

(18) ① 그들은 비가늠 내재 논항으로부터 가늠 논항으로 전환하거나, 만약 동사가 가늠과 비가늠 사이에서 애매하다면, 한계, 가늠 해석을 갖도록 강요한다.
    ② 그들은 가늠 논항이 완전히 소비되는 해석을 강요한다.

그러나 Tenny(1994 : 15)는 양화된 DO가 스스로 끝점을 함의하고, 결과보어와 동사 접사 같은 제한자가 그러한 제한 해석을 강화한다는 인상을 주는 반면,[13] Smollett(2005)은 보다 극단적으로

---

13) 예를 들면 Tenny(1994 : 23)는 "John ate an apple."은 "The apple is completely eaten."을 함의하고, "Jack built a house."는 "The house is completely built."를 함의한다고 하였다.

완수동사와 함께 쓰인 양화된 DO는 스스로 끝점을 함의하지 않으므로 종결 사건은 제한과 비제한 해석 두 가지 모두를 허용한다고 보았다.

이러한 점으로 볼 때 중국어의 완수 동사가 목표의 획득을 암시하거나 암시하지 않을 수도 있다는 Tai(1984 : 291)의 관찰은 기본적으로 옳은 것이라 여겨진다.

Smollett(2005)의 주장에 근거한다면 우리는 "他昨天寫了一封信, 可是沒寫完。"이라는 문장이 성립되는 이유를 설명할 수 있다. 다시 말해 '一封信'과 같은 양화된 명사구를 가진 종결 사건의 끝점은 불안정하므로, 뒤에 나오는 '可是沒寫完'과는 의미충돌을 일으키지 않게 되는데, 이를 그림으로 나타내면 아래와 같다.

〈그림 5-6〉"他寫了一封信。"

他寫了一封信。

우리가 만일 위의 그림에서처럼 "他寫了一封信。"과 같은 종결 사건의 제한성이 가변적이라는 견해를 받아들인다면, 위의 문장이 성립되는 이유는 쉽게 설명된다. 만약 우리가 결과보어 '完'을 첨가하여 "他昨天寫完了一封信。"이라고 말한다면 뒤에 오는 '可是沒

寫完'은 올 수 없다.[14]

5.3. 종결 빈어의 제한성

본장에서는 종결 사건에 쓰이는 직접 빈어 간에 존재하는 제한성의 상대성에 관하여 세 가지로 살펴보고자 한다.

첫째, 같은 종결 빈어라고 할지라도 한정어와 수사가 쓰인 빈어 간에는 제한성의 차이가 존재한다.

(19) a. *張三吃了三碗面, 可是沒吃完。

　　 b. 張三吃了那碗面, 可是沒吃完。

　　　 張三은 그 밥을 먹었으나 다 먹지는 못했다.

(20) a. 張三能在五分鐘內吃三碗面。

　　　 張三은 5분 내에 국수 세 그릇을 먹을 수 있다.

　　 b. *張三能在五分鐘內吃那碗面。

(21) a. ?張三在吃三碗面。

　　 b. 張三在吃那碗面。　　　　　　　　　　　　(Liu 2003 : 13)

　　　 張三은 그 국수를 먹고 있다.

---

14) Smith(1991 : 345) 역시 완수는 종료되거나(terminated), 완성(completed)된다고 여겨 종결의 가변성을 인지하였지만, 이러한 설명은 오해의 소지가 있다. 즉 종결 사건은 스스로 완성될 수는 없으며, 완성은 결과보어와 같은 제한자에 의해서만 전달될 수 있다고 보는 것이 좀 더 정확한 설명이라고 할 수 있다.

위와 같은 현상은 비록 한정어가 쓰인 빈어인 '那碗面'이 명확하다 하더라도, '那碗面'과 '三碗面'간의 차이가 존재함을 알려 준다. 즉 한정 빈어와 수량 빈어 간의 제한성에 있어서 정도의 차이가 존재하는데, 한정어는 제한성을 약화시키는 반면, 수사는 제한성을 강화시킨다.15)

이러한 현상은 아래와 같은 예문에서도 확인된다.

(22) a. 我已經讀了那本書的部分內容了。

　　　 나는 이미 그 책의 부분적인 내용을 읽었다.

　　 b. 我已經讀了部分那本書了。

　　　 나는 부분적으로 그 책을 읽었다.

(23) a. *我已經讀了一／兩本書的部分內容了。

　　 b. *我已經讀了部分一／兩本書了。　　　　　　(Lin 2008 : 50)

이러한 한정 빈어의 비제한성은 아래와 같이 지속구가 쓰인 문장의 중의성을 설명하는 데에도 도움이 된다.

(24) 他(已經)寫了那封信三天了。

　　 ① 그는 3일이나 편지를 썼다. (비종결)

　　 ② 그는 편지를 쓴 지 3일이나 되었다. (종결)

'那封信'과 같은 한정 빈어가 쓰인 경우에는 종결 사건의 제한

---

15) 수사의 경우 '一'보다는 '兩'과 '三'같은 경우에 제한성이 더 강해진다고 할 수 있다.

성이 상대적으로 약해지므로, 위의 문장은 두 가지 해석 모두를
가질 수 있다.

요컨대 종결 빈어의 제한성은 고정된 것이 아니라, 수사 또는
한정어에 의해 정도의 차이가 있을 수 있는데, 이를 그림으로 나
타내면 다음과 같다.

〈그림 5-7〉 종결 빈어의 제한성 등급

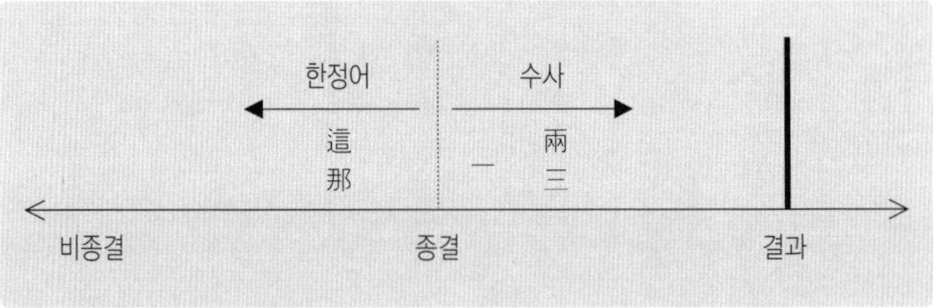

둘째, 동사와 직접 빈어간의 증분성(increment)을 고려할 필요가
있다. Filip & Rothstein(2005)도 영어와 슬라브어에서 직접 빈어와
동사와의 관계를 관찰하였는데, 엄격한 증분(SINC)동사가 쓰인 경
우와 증분(INC)동사가 쓰인 경우를 구분해야 한다고 하였다. 예를
들면 아래와 같다.

(25) a. Mary ate exactly three sandwiches in an hour/*for an hour.
       Mary는 정확하게 한 시간 안에 샌드위치 3개를 먹었다.
    b. John washed the shirt for an hour/in an hour.
       John은 셔츠를 한 시간 동안/한 시간 안에 빨았다.

(25a)는 SINC 동사가 쓰인 경우로 제한 해석만을 허용하는 반면, (25b)는 증분 동사가 쓰인 경우로 제한과 비제한 해석 두 가지 모두를 허용한다.

Filip & Rothstein(2005)은 SINC 동사에는 소비(eat, drink), 창조(build, write, draw)와 파괴(destroy, demolish, burn)동사 등이 속한다고 하였다. 그러나 Filip & Rothstein(2005)이 말하는 SINC 동사는 완수 동사이며, INC 동사는 활동 동사로 볼 수 있으므로 완수 동사와 활동 동사 사이에 증분성의 차이가 존재하는 것은 당연한 일이다.

사실 영어에 비해 중국어의 경우는 좀 더 복잡하다고 할 수 있는데, 가령 Filip & Rothstein(2005)이 제거(소비)류 동사와 창조(생산)류 동사를 똑같은 SINC 동사로 분류하였지만, 중국어의 경우에는 제거류 동사와 창조류 동사 간의 증분성의 차이가 존재한다. 그 이유는 중국어에서 '吃'·'賣'·'脫'와 같은 제거류 동사 뒤에는 창조류 동사와는 달리 動相보어 '了'가 오기 때문인데, 이는 이미 馬希文(1982)·木村英樹(1983) 등의 학자들에 의해 언급된 바 있다. 예를 들면 다음과 같다.

(26) a. *他吃了一條魚, 可是沒吃完。
 b. 他寫了一封信, 可是沒寫完。
  그는 한 통의 편지를 썼지만 아직 다 쓰지는 못했다.

위의 문장에서 '吃'와 같은 소비 동사 뒤에 나오는 '了'는 動相보어의 성격을 가졌으므로, 뒤의 부가절 '可是沒吃完'과 의미충돌

을 일으키므로 비문이 된다고 알려졌다. 이러한 현상은 把字句에
서 더욱 명확하게 드러나는데, 예를 들면 아래와 같다.

(27) a. *他們把房子造了。
    b. 他們把飯吃了。
       그는 (그) 밥을 다 먹었다.

Yang(1995)은 제거류 동사와 함께 쓰인 빈어는 확정적인 존재이
므로, 비교적 쉽게 완성(completion)으로 해석할 수 있는 반면, 창조
류 동사는 창조 과정이 완성될 때까지 명확한 존재를 가질 수 없
으므로, 창조 과정의 어떤 결과적 형태소를 수반해야만 완성의 해
석을 얻을 수 있다고 하였다.

이는 제거류 동사들이 '把-NPV了'에 쓰였을 때에는 動相보어
'了'에 의해 끝점이 표시된다. 반면 창조류 동사가 '把-NPV了'에
쓰이면, 빈어의 제한 또는 그것의 최대치는 무한대일 수 있으므로
비문이 된다.

셋째, 종결과 결과의 구분은 동사 분류에도 영향을 미친다.[16)]
이에 楊素英(1998, 2000)은 완수(accomplishment) 동사를 '결과 지향'
동사(有結果指向詞)라고 불렀으며, 성취(achievement) 동사를 '결과 실
현' 동사(有結果實現詞)로 번역하였다.

---

16) 앞에서 언급하였듯이 Smith(1991) · Wechsler(2005) 등은 [＋종결] 상황이 필수적으
   로 결과를 이끈다고 여겨 [종결]과 [결과]를 동일시 한 경향이 있다.

Xiao & McEnery(2004 : 48)도 완수 동사는 반드시 [＋결과]를 부호화할 필요가 없으며, 동사 자체에 추상적으로 결과가 부호화되어 있는 성취 동사와 [＋결과]값을 수반하는 상황만이 관련된다고 보았다. 이러한 종결과 결과 관계를 그림으로 나타내면 다음과 같다.

〈그림 5-8〉 Xiao & McEnery(2004 : 52)의 세 가지 끝점 자질의 계층 관계

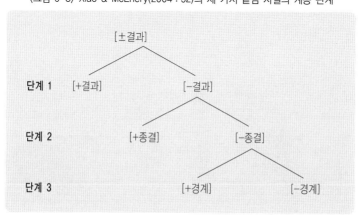

시간 영역의 [경계] 자질은 가장 추상적으로 중국어에서는 동사 중첩 또는 동량사 등에 의해 나타나는데, 위의 <그림 5-8>에서 알 수 있듯이 단계가 올라갈수록 끝점이 점점 더 명확해진다.

한편 중국어에서 [결과] 자질은 '可是沒V完'으로 검증된다. 예를 들면 '打'는 결과 지향적이며, '打一個字'는 결과가 실현되었는지의 여부를 나타내지는 않는 반면, '贏'자는 빈어에 상관없이 단어 자체에 결과가 내포되어 있다. 다시 말해 완수동사는 [결과]를 지향할 수는 있지만, 동사 자체에 [결과] 자질이 내포되어 있지는

않은 반면, 성취 동사는 [결과] 자질이 동사 자체에 내포되어 있다.[17)]

요컨대 종결 빈어의 제한성은 수사와 한정어 그리고 동사 등 여러 가지 요소에 의해 영향을 받을 수 있으며, 그 제한성 간에는 상대적인 정도의 차이가 존재한다고 할 수 있는데, 이러한 관계를 그림으로 나타내면 다음과 같다.

〈그림 5-9〉 동사 · 빈어 · 제한자의 상호작용

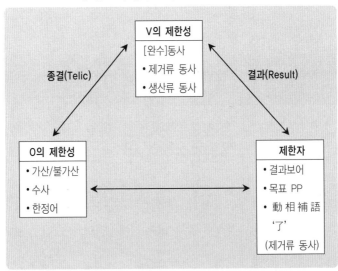

지금까지 우리는 중국어의 종결과 결과에 대해 살펴보았다. 만약 종결과 결과를 동일시한다면 "他昨天寫了一封信, 可是沒寫完。"과 같은 문장이 성립하는 이유를 설명할 수 없다.

---

17) Xiao & McEnery(2004 : 49), 楊素英(2000 : 92) 참조.

이에 본서에서는 Smollett(2005) 등의 견해에 근거하여 종결의 제한성이 불안정함을 살펴보았으며, 이에 결과를 종결로부터 분리 해야되는 필요성을 주장하였다. 나아가 종결빈어의 경계성은 기타 요소에 의해 정도의 차이가 생길 수 있는데, 특히 같은 종결 빈어 라고 여겨졌던 한정 빈어가 쓰인 경우와 수량사가 쓰인 경우 간 에 제한성의 차이가 있음을 살펴보았다. 또한 영어와 달리 중국어 에서는 제거류 동사와 생산류 동사가 쓰인 사건의 제한성을 구분 해야만 하는 필요성을 제기하였다.

요컨대 "他昨天寫了一封信, 可是沒寫完。" 이 문장이 성립하는 이 유는 종결 사건이 결과를 함의하지 않기 때문이다.

5.4. 종결 사건의 척도성과 미완성 효과

앞에서 언급했듯이 "他寫了一封信, 可是沒寫完。", "他吃了一條 魚, 可是沒吃完。" 등과 같은 문장들의 적법성 여부에 대해서도 학 자들마다 견해가 다른데, 이와 관련된 여러 종결 사건을 나타내는 문장들 역시 그러하다.

심지어 위와 같은 문장들을 비문으로 보는 학자들 간에도 비문 이 되는 원인에 관해서는 이견이 분분한데, 예를 들면 어떤 학자 들(Chief 2007, Sybesma 2009, 木村英樹 1983, Yang 1995)은 동사에 그 원인이 있다고 보는 반면, 어떤 학자들(Liu 2003, Soh & Kuo 2005) 은 빈어나 數詞와 같은 한정어에 그 원인이 있다고 보았다.

가령 동사에 초점을 둔 학자들 간에도 시각이 다를 수 있는데, 예를 들면 Chief(2007)는 주로 동사의 척도성(scalarity)에 중점을 둔 반면, Sybesma(1999), 木村英樹(1983)와 Yang(1995)은 '창조'와 '제거'라는 동사의 의미자질에 중점을 두었을 뿐만 아니라, 이러한 동사들과 상호작용하는 '了'의 역할에 대해서도 주목하였다.

이에 본서에서는 종결 사건의 개념과 성질을 먼저 살펴보고, 동사의 척도성과 빈어의 제한성이 종결 사건에 어떠한 영향을 미치는지와 종결 사건의 적법성에 대하여 학자들의 견해가 분분하게 된 원인에 대해서도 살펴보고자 한다.

종결 빈어를 수식하는 요소가 사건의 제한성(delimitedness)에 영향을 준다는 점은 이미 여러 학자들에 의해 언급된 사실이다(Liu 2003, Soh & Kuo 2005). 이는 다시 말해 같은 종결 빈어라고 할지라도 數詞 또는 다른 한정어에 의해 사건 자체의 제한성에 차이가 발생한다는 것이다.

(28) a. *張三吃了三碗面, 可是沒吃完。
   b. 張三吃了那碗面, 可是沒吃完。
   張三은 그 밥을 먹었으나 다 먹지는 못했다.

(Liu 2003 : 13)

이와 같이 종결 빈어의 제한성은 數詞 또는 한정어에 의해 정도의 차이가 있을 수 있다.

그러나 Chief(2007 : 55)는 이러한 주장에 대하여 아래와 같은 예문을 제시하면서 이의를 제기했다.

> (29) 我吃了一份素抓飯, 吃了兩串大烤, 但沒吃完。(Chief 2007 : 61)
> 나는 素抓飯 한 접시를 먹었고, 꼬치 두 개를 먹었으나 다 먹지는 못했다.

Chief(2007)의 요지는 數詞와 한정어간의 정도성뿐만 아니라, '一'이나 '兩'·'三'과 같은 數詞간의 정도성에도 상관없이 종결 빈어는 기본적으로 사건의 완성을 보장하지 않는다는 것이다.[18] Chief는 이와 같은 현상을 '미완성 효과(Incomplete Effect : IE)'라고 불렀는데, 만일 Chief(2007)의 주장대로라면 직접 빈어와 사건의 종결성에 대한 기존의 견해는 재고될 필요가 있다.

Chief(2007 : 60)는 이러한 종결 사건의 '미완성 효과'가 빈어와 그 빈어와 관련된 요소로부터 오는 것이 아니라, 본질적으로 동사의 척도구조(scalar structure)와 관련이 깊다고 보았다.

> (30) *他買了一張票, 可是沒買到。

> (31) *他投了一張票, 可是沒投完。

> (32) 昨天我寫了一篇小說, 但是沒寫完。
> 어제 나는 소설 한 편을 썼는데, 다 쓰지는 못했다.

---

18) 비록 Chief(2007 : 59) 역시 數詞의 작용을 어느 정도 인지하였지만, 실제 분석에 있어서는 數詞와 빈어의 작용을 경시하였으며 동사의 척도성에 중점을 두었다.

(33) 只可惜小徐能力有限，只殺了一個，而且沒殺死。

아쉽게도 서군의 능력은 한계가 있어서 단지 한 명만을 죽
였으나, 그마저도 죽이지 못했어.

　다시 말해 '買', '投'와 같은 동사는 '寫', '洗', '殺'와 같은 동사
와는 달리 중간 정도가 존재하지 않으므로 상태 변화가 발생하면
바로 최대 정도에 도달하게 된다. 즉 Chief(2007 : 96)는 이와 같은
비등급적인 단순 척도 구조(non-gradable simple scalar structure)에서
는 미완성 효과가 생길 수 없다고 보았다.

　더 나아가 Chief(2007)는 척도성(scalarity)에 근거하여 동사를 아
래와 같이 분류하였다.

〈그림 5-10〉 Chief(2007 : 79)의 척도성에 따른 동사 분류

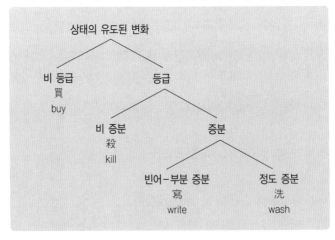

증분은 빈어-부분 증분과 정도 증분으로 나뉘며, 등급은 비증

분과 증분으로 나뉘는데, '賣'와 같은 동사는 중간 과정이 없으므로 비등급적이라고 할 수 있다.[19]

비록 Chief(2007)가 기존 연구에서는 주목하지 않았던 동사의 척도성을 중시했다는 점은 의의가 크지만, 필자는 그의 분석에서 몇 가지 문제점을 논의하고자 한다.

첫째, Chief(2007)가 제시한 비등급류 동사('買', '投', '租')에는 문제가 있다. Chief는 이러한 동사가 '一點'과 같은 부사와 공기하지 못한다는 점에 근거하여 이러한 동사는 증분 척도와 관련되지 않는다고 보았다.

(34) *這片DVD我租了一點。

(35) *這張票我投了一點。   (Chief 2007 : 89)

예를 들면 (34)와 같이 DVD를 빌리는 사건에서 거래가 끝날 때까지 DVD의 소유권 변화가 발생하지 않는다는 점에서 이러한 동사는 척도가 존재하지 않는다.

즉 Chief(2007)는 이러한 문장들이 비문이 되는 이유를 순전히 동사의 척도성에 기인한다고 보았다. 그러나 달리 생각하면 이는 전적으로 동사의 척도성에 기인하기보다는 여전히 빈어와 일정한

---

19) Chief(2007 : 77)는 등급 동사와 비등급 동사의 구분 기준을 정태적인 得字句에서의 출현 여부로 판단하였는데, 예를 들면 등급 동사가 "洗碗机把碗盤洗得很幹淨。"과 같이 得字句에 출현할 수 있는 것과는 달리 '買', '投'와 같은 비등급 동사는 정태적인 得字句에 출현할 수 없다.

관계가 존재함을 알 수 있다. 다시 말해 'DVD'와 '票'와 같은 존재는 동사의 척도성에 상관없이 애초에 부분적으로는 존재할 수 없는 개체들이다.[20]

둘째, 같은 동사가 쓰였다 하더라도 종결 빈어의 미완성 효과를 보여주는 예문뿐만 아니라, 종결 빈어의 완성 효과를 보여주는 예문들도 존재한다.

> (36) 夢見一個男人把女人殺了, 好像沒殺死。(百度)
>
> 꿈 속에서 한 남자가 그 여자를 죽인 것을 보았는데, 그녀
> 가 죽은 것 같지는 않았다.

> (37) 押沙龍將王的衆子都殺了, 沒有留下一個。(CCL 코퍼스)
>
> 押沙龍은 왕의 부하들을 한 명도 남김없이 죽였다.

동사 '殺'는 Chief(2007)에 따르면 등급적인 비-증분 동사이므로 미완성 효과가 허용된다. 그러나 위의 예문들에서도 알 수 있듯이, 문장 자체는 완성(37)과 미완성(36) 모두 아무런 문제 없이 나타낼 수 있다. 이는 단순히 화용론상의 문제(Smith 1994)라기보다는 종결 사건 자체의 제한성이 그 만큼 불완전하다는 사건성의 문제임을 보여준다.

사실 중국어의 종결 연구에 있어서 가장 큰 문제점은 학자들마

---

20) 물론 '房子'나 '一本書'의 경우에는 '票'나 'DVD'보다 동사의 척도성에 대한 의존도가 높아지겠지만, 그렇다 하더라도 빈어 자체의 속성을 완전히 무시한다는 것은 다소 편파적인 견해라고 볼 수 있다.

다 중국어 문장의 적법성 여부에 대한 판단이 다르다는 점인데,
이를 정리하면 아래의 표와 같다.

〈표 5-4〉 종결 문장의 적법성 여부

수	예문	정문	비문
一	他寫了一封信, 可是沒寫完。	Tai 1984, Sybesma 1999, Smith 1994, Soh & Kuo 2005, Chief 2007	Yong 1993, Xiao & McEnery 2004
一	他寫了兩封信, 可是沒寫完。	Chief 2007	Xiao & McEnery 2004
一	我吃了一條魚, 可是沒有吃完。	Soh &Kuo 2005, Chief 2007	Sybesma 1999
兩	他吃了兩個蛋糕, 可是沒吃完。	Chief 2007	Soh & Kuo 2005
三	張三吃了三碗面, 可是沒吃完。	Chief 2007	Liu 2003

사실상 "他寫了一封信, 可是沒寫完。"의 경우를 제외한 그 밖의
예들에 대해서는 학자들마다 의견이 분분하여 적법성 여부를 판
단하기가 힘들다. 심지어 몇몇 학자들이 비문이라고 단정한 문장
들조차도 인터넷에서 쉽게 접할 수 있다.

비록 일부 학자들의 경우에는 자신의 어감만이 맞다고 굳게 믿
고 있지만, 왜 다른 사람들이 그들과 다른 어감을 갖을 수 있게
되었는지, 또한 유독 '寫了一封信'인 경우에만 왜 의견이 명백하게
갈리고, 다른 경우에는 왜 그렇지 않은가에 대한 원인을 생각해보
아야만 한다.

만일 한 쪽의 극단적인 입장만을 취했다면 중국어 상에 관한

이러한 문제들은 이미 해결되었어야 했다. 그러나 여전히 이에 관한 다양한 견해와 논문이 쏟아진다는 것은 이 문제가 아직도 미궁에 있음을 보여주고 있는 셈이다.

Chief(2007)는 앞에서 살펴본 바와 같이 數詞에 상관없이 <표 5-4>안의 모든 문장이 성립된다고 보았다는 점에서 어떤 면에서는 가장 극단적인 견해라고 할 수 있다. 또한 "他寫了一封信，可是沒寫完。"을 비문으로 본 학자들은 당연히 "他寫了兩封信，可是沒寫完。"이라는 문장 역시 비문으로 간주한다.

중간자적인 입장으로는 Sybesma(1999)와 Soh & Kuo(2005)를 들 수 있는데, Sybesma(1999)는 동사와 '了'의 의미에 중점을 두어 구분한 반면, Soh & Kuo(2005)는 동사보다는 빈어의 부분-전체 성립 여부와 數詞의 작용에 중점을 두어 구분했다는 차이가 있다.[21]

따라서 본서에서는 동사와 數詞 두 가지 모두를 고려하여 이 문제를 다루어보고자 한다. 일단 동사의 의미부터 살펴보도록 하자. Chief(2007)가 간과한 중요한 사실은 이와 같은 종결 사건에 쓰이는 동사들과 공기하는 '了'의 역할이다.

일반적으로 제거류·파괴류 동사와 함께 쓰이는 '了'는 순수한 상 표지라기보다는 動相보어(Phase complement)의 기능을 한다(木村

---

21) Chief(2007 : 53)는 "夕陽畫了一個圓，沒封口的圓。"이라는 예를 제시하면서 Soh & Kuo(2005)의 부분 허용 빈어(APO)와 부분 불허용 빈어(NPO) 분석을 부정하였는데, 즉 Soh & Kuo(2005)에 따르면 '圓'은 부분 불허용 빈어이므로, 위의 예문은 비문이 되어야 하지만, 실제로는 아무런 문제가 없다는 것이다.

英樹 1983, 沈家煊 1998, 조경환 2010).[22] 이에 위의 <표 5-4>에서도 동사는 창조류 '寫'와 제거류 '吃' 두 종류로 나누었으며, 數詞는 '一', '兩', '三' 등으로 구분하였다.

창조류(creative) 동사와 제거류(destruction) 동사는 두 가지 모두 완수(accomplishment) 동사의 일종이지만, 제거·파괴 동사의 경우에는 쉽게 끝점(endpoint)의 함축을 얻을 수 있는 반면, 창조·생산류 동사의 경우에는 쉽게 끝점(endpoint)의 함축을 얻을 수 없다(木村英樹 1983, Yang 1995).[23] 이는 인간의 세계 지식(knowledge of the world)에 근거한 것인데, 이러한 관계는 다음과 같은 그림으로 설명할 수 있다.

〈그림 5-11〉 제거류 동사와 창조류 동사(최규발·조경환 2010 : 13)

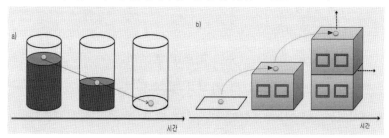

---

22) 動相보어의 종류에 관해서는 학자들마다 그 분류에 있어 다소 차이가 나는데, 이는 動相보어가 결과보어와 연속선상에 있는 범주이기 때문이다. 그러나 대부분의 학자들의 경우 動相보어가 일반적으로 '사건의 완성'을 나타낸다는 데에는 이견이 없다.

23) Sybesma(1999 : 91) 역시 생성문법의 관점에서 중국어에서 영향(affective) 동사와 유효(effective) 동사를 구분하였으며, 그 뒤에 오는 '了'를 각각 '끝점(endpoint) 了'와 '실현(realization) 了'라고 불렀는데, 이러한 관점은 木村英樹(1983)와 Yang(1995)의 그것과 기본적으로 평행하는 것이다.

위의 <그림 5-11>를 보자. 한 잔의 컵에 담긴 물을 계속해서 마셔나간다면 우리는 그 잔이 결국 텅 비게 될 것이라는 것을 쉽게 예측할 수 있으므로 제거류 동사의 끝점은 쉽게 함축된다.

반면 창조류 동사의 끝점은 사람마다 다르므로, 끝점을 예상하기가 힘들다. 예를 들면 '盖了一座房子'라는 종결에서 어떤 사람은 1층집을 생각할 수도 있고, 어떤 사람은 2층집을 생각할 수도 있으므로 그 끝점을 예상하기가 힘들다. 이와 같이 창조류 동사의 끝점은 제거류 동사의 그것보다 함축도가 떨어진다고 할 수 있다.[24)]

다음으로 數詞를 살펴보도록 하자. 앞에서 언급했듯이 다수의 학자들은 자신의 어감만을 근거로 하여 이론적인 틀을 세운다. 만일 Liu(2003)나 Soh & Kuo(2005)의 어감에 근거한다면 數詞는 명사의 제한성을 강화하게 된다.

그러나 Chief(2007)의 견해에 따르면 數詞의 숫자 증가는 빈어의 종결성에 그다지 큰 영향을 미치지 않는다. 필자는 중간자적인 입장에서 종결 빈어는 제한과 비-제한 해석 두 가지 모두를 다 가질 수 있다는 Smollet(2005)의 견해에 동의하는데, 이는 아래의 예에서도 확인할 수 있다.

---

24) 다시 말해 "他拆了一棟樓。"라고 말한다면 1층집을 철거할 수도 있고, 빌딩을 철거할 수도 있지만, 결국에는 철거된 후의 상태, 즉 건물이 다 무너진 폐허 상태라는 끝점은 분명하므로 이런 점에서 제거 동사의 끝점은 창조 동사의 끝점보다 명확하다고 할 수 있다. 좀 더 자세한 내용은 최규발·조경환(2010 : 13-14)을 참조바람.

(38) 他又連續寫了兩封信, 仍然是石沉大海。 (CCL 코퍼스)
그는 연속으로 편지 두 통을 썼으나 여전히 소식이 없다.

數詞의 숫자의 증가와 제한성의 비례 관계는 다음과 같이 생각할 수 있다. 數詞가 1일 때에는 동사의 끝점이 불분명하다. 그러나 2나 3일 때에는 1의 끝점, 즉 제한이 어느 정도임을 암시하므로, '兩封信' 또는 '三封信'의 제한성은 '一封信'보다 그만큼 더 높다고 할 수 있다.

그러나 우리는 Chief의 주장과는 달리 제거류 동사의 끝점은 창조류 동사보다 더 명확함을 인정해야만 한다. 왜냐하면 이러한 경우의 '了'는 순수한 관점상 표지라기보다는 動相보어로서 상 합성 과정에 참여하기 때문이다. 즉 "他吃了三碗飯。"은 "他寫了三封信。"보다 제한성이 높다.

(39) a. 他 吃了 三碗飯。
　　　　①　　②

　　 b. 他 寫了 三封信。
　　　　　　①

다시 말해 제거류 동사가 쓰였을 때에는 '了'가 動相보어로 일차적으로 작용하며, 數詞 '三'이 작용하여 이 종결 사건의 제한성을 이중으로 강화시키지만, 창조류 동사가 쓰였을 때에는 단지 數詞 '三'만이 이 사건의 제한성을 강화할 뿐이다.

　따라서 제거류 동사의 끝점은 창조류 동사의 그것보다 함축도가 높다고 할 수 있다. 이는 다시 말해 "他吃了一條魚，可是沒吃完。" 은 "他寫了一封信，可是沒寫完。"보다 더 어색하게 들릴 가능성이 높으며, 이러한 관계는 아래와 같은 그림으로 나타낼 수 있다.

〈그림 5-12〉 제거류 동사와 창조류 동사의 끝점

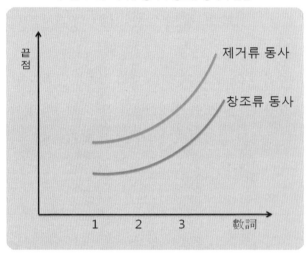

　마지막으로 주지해야 할 점은 動相보어 '了'가 나타내는 끝점 (end point)이 '完'이나 '好'와 같은 다른 動相보어의 그것과는 어느 정도 차이가 있다는 사실이다. 즉 우리는 "他寫了一封信，可是沒寫完。"이라고는 말할 수 있지만, "他寫完了一封信，可是沒寫完。"이라고는 절대로 말할 수 없다.

　지금까지 살펴본 바에 의하면 Chief(2007)의 동사 분류에 문제가 있음을 알 수 있는데, 즉 Chief(2007)의 증분 대상 분류에서는 제거·창조 구분 없이 모두 증분 대상 동사로 분류되어 있다.

이에 본서에서는 Filip & Rothstein(2005)의 분류에 근거하여 증분 대상 동사 역시 엄격한 증분 동사(SINC)와 일반 증분동사(INC)로 구분해야 함을 주장한다.[25] Chief(2007)의 동사 분류는 다음과 같이 수정될 필요가 있는데, 즉 창조류 동사는 일반 증분 동사로, 제거류 동사는 엄격한 증분 동사로 분류할 필요가 있다.

〈그림 5-13〉 Chief(2007)의 수정된 동사 분류

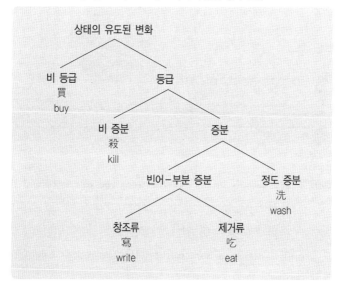

---

25) 여기에서 주의해야 할 점은 Filip & Rothstein(2005)의 분류에서 SINC 동사에는 제거(eat, drink), 창조(build, write, draw), 그리고 파괴(destroy, demolish, burn)동사 등이 속한다는 사실이다. 이는 영어와 슬라브어에 근거한 분류이므로 중국어와는 다소 차이가 존재한다. 따라서 본서에서는 제거류 동사를 SINC 동사로, 창조류 동사를 INC 동사로 분류할 것이다.

그렇다면 학자들마다 이렇게 종결 사건의 적법성에 대한 판단
이 다른 까닭은 무엇일까? 필자는 이러한 현상이 사실 일종의 초
점 조절(focal adjustment)현상인 원근법(perspective)에 기인한 것이라
고 여긴다. 예를 들면 똑같은 객관적 상황이라 하더라도 화자가
다른 시각을 선택함으로서 다른 구문이 발생할 수 있다.

〈그림 5-14〉 다른 영상의 선택과 구문(김종도 2002 : 55)

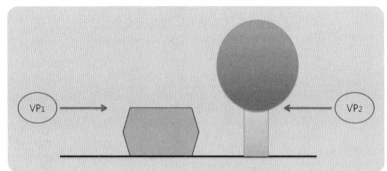

(40) a. The rock is in front of the tree. The tree is behind the
rock.

바위가 나무 앞에 있다. 나무는 바위 뒤에 있다.

b. The tree is in front of the rock. The rock is behind the
tree.

나무가 바위 앞에 있다. 바위는 나무 뒤에 있다.

(김종도 2002 : 55)

<그림 5-14>는 나무와 바위가 나란히 서 있는 객관적 개념 내
용에서 화자가 어느 관점에서 이 상황을 관찰하느냐에 따라 표현

되는 문장이 달라진다. (40a)는 화자가 VP_1을 취하여 화살표 방향으로 관찰했을 때의 표현이며, (40b)는 화자가 VP_2를 취하여 관찰했을 때의 표현이다.

즉 개념 내용이 같더라도 각기 다르게 해석되며 이는 다른 구문으로 표현된다.

이와 같이 Soh & Kuo(2005)와 Chief(2007)의 주장을 보면 같은 종결 현상을 다르게 해석할 수 있는데, <그림 5-7>을 예로 들어 다시 살펴보면 다음과 같다.

〈그림 5-15〉 〈그림 5-7〉의 원근법

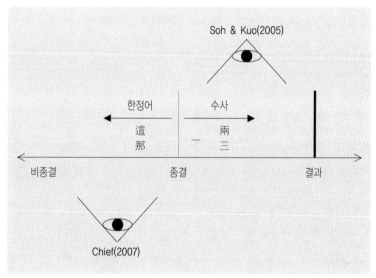

요컨대 Chief(2007)와 Soh & Kuo(2005) 등 학자들마다 종결성 적법 여부가 다르다는 사실은 다른 관점으로부터 기인하는 것인데,

이러한 점은 중국어의 종결 사건이 완성을 완전히 보장하지 않으며, 미완성적이라는 공통적인 사실을 바탕으로 한다. 만일 중국어의 종결 사건이 결과보어나 '完'과 '好'와 같이 순수한 끝점과 완성을 보장했다면 이와 같은 논란은 애초에 일어나지도 않았을 것이다.

지금까지 중국어 종결 사건의 제한성과 척도성을 살펴보았다. 비록 Chief(2007)는 기존 연구에서 주목하지 않았던 동사의 척도성(scalarity)에 주목하였지만, 오직 동사의 척도성에만 근거하여 한 구문의 종결 사건의 적법성을 판단하기에는 무리가 있음을 살펴보았다.

이는 Chief(2007)가 제거류·창조류와 같은 동사의 의미 유형, 그리고 動相보어 '了'의 존재를 경시했기 때문인데, 이에 근거하여 본서에서는 중국어의 종결 사건은 동사의 척도성 뿐만 아니라, 제거류 동사와 창조류 동사와 같은 의미자질과 끝점의 함축, 그리고 '數詞'와 같은 한정어와 빈어까지 종합적으로 고려할 것을 주장한다.

또한 증분 대상 역시 아래의 <그림 5-16>과 같이 엄격한 증분 대상(SINC)과 일반 증분 대상(INC)으로 나눌 것을 제안하는 바이다. 예를 들면 "他吃了三碗飯。"의 종결성 도출 과정을 그림으로 나타내면 다음과 같다.

〈그림 5-16〉 "他吃了三碗飯。"의 종결성 도출과정

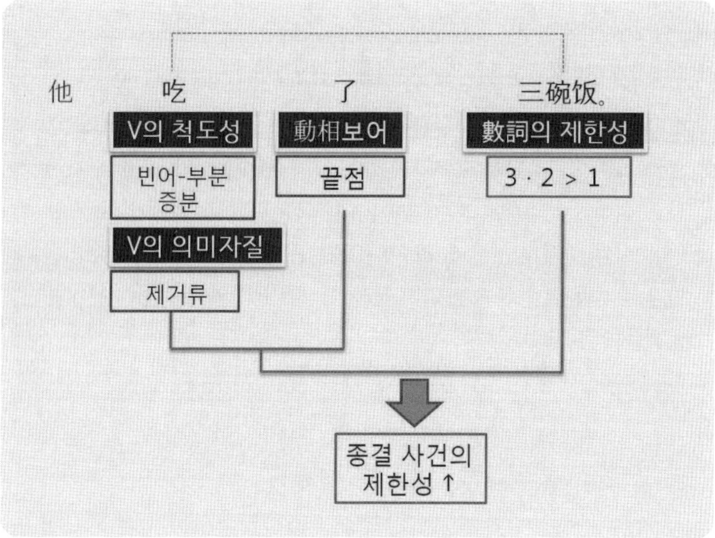

한편 중국어의 종결 사건은 완성과 미완성 두 가지 모두를 나타낼 수 있다는 점에서 불완전적이라고 할 수 있는데, 학자들마다 구문의 적법성이 다른 까닭은 같은 사건을 바라보는 원근법이 다르기 때문이다. 이에 대해서는 향후 검증 작업이 이루어져야 하겠지만, 코퍼스에서는 의외로 관련 문장들을 찾기가 어려우므로, 중국어를 모국어로 하는 화자를 대상으로 설문 조사를 하는 것이 좀 더 바람직하다고 여겨진다.

마지막으로 중국어의 '了'·'着'·'過' 역시 경우에 따라 動相보어로서 상황상의 합성 과정에 참여한다는 점은 영어 등 다른 언어에서는 볼 수 없는 특이한 현상이라고 할 수 있는데, 이에 관해서는 향후 좀 더 심도 있는 연구가 필요하겠다.

○ 좀 더 읽을거리

중국어의 종결과 완성에 관한 최초의 논의는 Chu(1976)에서 보여진다. "他寫了一封信，可是沒寫完。"에 관하여 Tai(1984), Smith(1991), Sybesma(1997)도 다루었는데, 이들은 주로 완수동사와 종결의 관계를 논의하였다. Soh & Kuo(2005)는 Liu(2003)와 Lin(2008)에 근거하여 수사와 양사의 작용에 좀 더 주목하여 진일보한 분석을 하였다. 결국 종결과 결과 문제는 완수 동사와 성취 동사와도 밀접한 관계가 있음을 알 수 있다.

把字句와 상*

把字句는 중국어의 대표적인 특수구문으로 1944년에 王力이 이 구문을 '處置式'이라고 명명한 이후 오늘날까지도 끊임없이 연구가 진행되어 왔다. 이 구문에 대한 연구가 이렇게 활발한 이유는 把字句가 나타내는 '處置(disposal)'가 무엇인지를 규명하는 데 어려움이 있었기 때문인데, 90년대 들어 상의 개념을 이 '處置' 개념과 연결시킨 연구들이 등장하였다.

把字句의 상적 의미에 대한 연구는 비단 把字句뿐만 아니라 상 연구에도 큰 도움이 되는데, 왜냐하면 이러한 연구를 통해 우리는 종결(telic)과 결과(result)의 차이, 증분대상과 직접내재논항, 그리고 動相보어의 '了'의 개념 등을 좀 더 분명히 이해할 수 있기 때문이다.

把字句의 상적 의미(aspectual meaning)에 관한 연구는 크게 두 가

---

* 이 장은 조경환(2009c, 2012)을 수정·보완한 것이다.

지 유형으로 구분할 수 있다. 하나는 상황상에서 把字句의 상적 의미를 분석한 연구(Yong 1993, Sybesma 1999)이고, 다른 하나는 상황상과 완료상에서 把字句의 상적 의미를 고찰한 연구(Yang 1995, Liu 1997)인데, 이는 아래와 같이 정리할 수 있다.

(1) a. 상황상   + 완료상 −Yang 1995, Liu 1997
    b. 상황상   −Yong 1993, Sybesma 1999, 楊素英 1998

제한된 사건(delimeted event)

비록 把字句의 상적 자질에 관하여 학자들마다 견해가 분분하지만, 대부분의 학자들(Yong 1993, Tenny 1994, Yang 1995, Liu 1997, Sybesma 1999, Xiao & McEnery 2004)이 把字句가 제한된 사건(delimited event)을 나타낸다는 점에는 동의한다.

把字句의 이 같은 상적 자질은 아래와 같이 SVO句와의 비교에서 잘 드러난다.

(2) a. 他喝了酒。
       그는 술을 마셨다.
    b. 他把酒喝了。   (Yong 1993 : 85)
       그는 그 술을 마셔버렸다.

비록 구성 요소는 비슷하지만, (2a)는 단순히 술을 마셨다는 제한되지 않은 사건(non-delimited event)을 나타내는 반면, (2b)는 술을 다 마셔서 술이 없다는 제한된 사건을 나타낸다.

만일 동사 자체에 결과요소가 포함되어 있거나(즉 성취 동사 achievement verb), 동사 뒤에 결과요소가 출현하면 SVO句와 把字句 간의 상적 자질에 있어서의 차이는 종종 불분명하게 된다.[1]

 (3) a. 我丟了鑰匙了。
     나는 열쇠를 잃어버렸다.
   b. 我把鑰匙丟了。
     나는 열쇠를 잃어버렸다.

 (4) a. 我吃光了飯。
     나는 밥을 다 먹었다.
   b. 我把飯吃光了。
     나는 밥을 다 먹었다.

이에 본서에서는 기본적으로 상황상 층위에서 다루자는 견해를 따를 것이다. 이는 상황상 층위에서 把字句가 제한된 사건(delimited event)을 나타낸다는 것은 (1)에서처럼 공통된 견해일 뿐만 아니라,[2] 본서에서 살펴 볼 '把-NPV了'에서 '了'는 단순한 상표지

---

1) 물론 이러한 경우에는 두 구문 간에 상적 차이가 없다고 할지라도, 把字句와 SVO句 간의 구문의미에서는 차이가 존재한다. 즉 (4a)와 같은 SVO句는 '밥을 다 먹어서 내 가 배고프지 않다'라는 의미를 내포하며, 把字句는 '밥을 다 먹어서 밥이 없다'는 의 미를 내포한다.
2) 다시 말해 把字句가 제한된 사건을 나타낸다고 해서 반드시 완료상(perfective aspect)

(aspect marker)가 아니라 動相보어(phase complement)의 역할도 포함하기 때문이다. 그렇다면 먼저 把字句의 상 합성 과정을 살펴보도록 하자.

6.1. 把字句의 상 합성 과정

Yong(1993 : 48)은 陳平(1988)의 견해를 기초로 상황의 제한성과 관련하여 중국어의 상황유형을 다음과 같이 구분하였다.

〈표 6-1〉 Yong(1993 : 48)의 중국어의 상황 분류

비제한(Undelimited) 상황	제한된(delimited) 상황	
활동(Activity) : 동사[행위] ; 동사[반복] ; 동사+명사[비지시적]	**완수(Accomplishment)** : 동사+명사[지속/빈도/양] ; 동사+명사[한정적]	
	단순변화(Simple change) : 동사 복합물/동사[즉각적 변화]	
	복합변화(Complex change) : 동사 복합물/동사[점진적 변화]	

Yong(1998)은 비록 陳平(1998)의 분류에 몇몇 문제점을 제시하였지만, 把字句는 기본적으로 제한된 상황인 완수, 단순변화, 복합변화에서 발생한다고 주장하였다.[3]

이 출현하는 것은 아니다. 이에 Yang(1995)은 처음에는 상황상과 완료상의 관점에서 把字句를 다루다가 이후(1998)에는 상황상 층위에서 把字句를 다루자는 견해로 바꾸었다.

3) Yong(1993 : 46)은 陳平(1988)의 단순변화에 대해서는 이의를 제기하여 단순변화가

이제, Yang(1995)의 견해를 살펴보자. Yang(1995)은 把字句의 기본유형을 'NP+把-NPo+VF+XP'[4]로 보았고, [VF+(XP)]s의 유형에 따라 6가지 종류로 나누었는데, 이것을 정리하면 다음과 같다.

첫째, "張三把李四殺了。"와 같이 형태적으로 단순동사가 쓰인 경우이며, 이런 유형에서는 완료상 '了'의 추가가 필수적이고, '愛', '怕', '恨'과 같은 심리 동사는 이런 유형에 출현하지 않는다.

둘째, "小弟弟把衣服穿好了。"와 "小弟弟把茶碗打破了。"와 같이 VFs가 성취복합(achievement compound)인 경우와 결과보어복합(resultative compound)인 경우로 구분된다.

셋째, "張三把狗打得汪汪叫。"와 같은 'VF+得字句'인데, Yang은 把字句에서 결과보어 의미의 '得'자는 자유롭게 쓰일 수 있다고 하였다.

넷째, 'VF+NPs' 형태로서, 여기서 NPs는 부분(소유), 양화, 결과 등으로 이들은 사건을 제한하는(delimiting) 역할을 한다.

(5) a. 他把橘子剝了皮。

그는 귤 껍질을 벗겼다.

b. 他把門踢了兩脚。

그는 문을 여러 번 찼다.

종결자질을 가진다고 보았다. Smith(1991)와 Xiao & McEnery(2004)의 분류에서는 陳平(1988)의 '단순변화'와 '복합변화'를 정확하게 구분하여 대응시키기가 힘들다. 이에 관해서는 3.2를 참조 바람.

4) 여기서 NPo는 '把'자의 빈어이고, VF는 동사, XP는 기타성분이다. 본서는 Yang(1995)의 표기법을 그대로 따르도록 하겠다.

다섯째, 쌍빈어 구문(Double Objects)으로, 목표논항은 항상 동사 뒤에 위치하여야 한다.

(6) a. 張三把書給了李四。

張三은 책을 李四에게 돌려주었다.

b. *張三把李四給了那本書。

여섯째, "把花揷在瓶子裏。"와 같은 'VF+장소구'의 형태이다.

Yang(1995)은 把字句에 출현하는 동사 배열(verb constellation)이 [[+종결(Telic)+[+완료상(Perfective)]]의 자질을 가진다고 하였다. 즉 상황상이 관련되는 한 [+종결] 자질을 가진 제한된 사건이며, 관점상이 관련되는 한 [+완료상] 자질을 가진다는 것이다.

Yang은 더 나아가 동사, 종결요소, 그리고 완료상 '了'사이의 상호작용에 대하여 다음과 같은 규칙을 도출해내었다.

(7) a. [v±T]+[ele+T] = [vp+T & +Perf]

[±종결동사]+[종결요소] =[종결성이 있는 동사구&+완료상]

b. [v+T & -Dur] + 了 = [vp+T & +Perf]

[+종결동사 & -지속]+了=[종결성이 있는 동사구&+완료상]

c. [v±T & +Dur] + 了 = [vp±T & -Perf]

[±종결동사 & +지속]+了=[±종결성이 있는 동사구&-완료상]

그녀는 규칙 (7a)는 동사범주에 상관없이 제한요소들(결과보어 형태소, 得字句, NPs, 장소구)이 동사 VF에 더해지면, 포함된 사건은

[+종결]이 될 것이며, 완료상을 지닌다고 하였다. 그러나 제한요소들이 得字句나 장소구일 때, 일반적으로 완료상 '了'가 출현하지 않으므로 규칙 (7a)에서 말하는 완료상이 무엇인지 모호하다.

또한 규칙 (7c) 역시 '파괴류' 동사를 단순히 예외적인 것으로 처리하므로, Yang(1995)이 제시한 규칙은 일반화에 있어서 무리가 있다. 게다가 Yang(1995)은 관점상이 관련되는 한, 把字句에는 완료상 '了'가 출현해야 한다고 했지만, '把錢帶着。'와 같이 把字句에는 미완료상이 출현하는 경우도 있다.[5]

따라서 상황상과 관점상의 관점에서 把字句의 상적 성질을 다루려는 Yang(1995)의 견해는 수정될 필요가 있다.

한편 앞에서 언급했듯이 Xiao & McEnery(2004)는 把字句에 관한 규칙 12(중심[-결과]+把/被字句 ⇒ 절[+결과])에 대하여 두 가지의 견해를 제시하였다. 그 중 하나는 '把'자가 직접 빈어를 동사 앞으로 전치시키는 기능을 가졌다는 것이고, 다른 하나는 '把'자가 쓰인 문장이 항상 결과의 성공적인 성취를 암시하는 제한된(delimited) 상황을 표시한다는 것이다.

Xiao & McEnery(2004 : 78)는 把字句에 관한 규칙 12에 대한 근거로서 빈어 전치설을 들었다.

그러나 '把'자의 빈어 전치 기능은 설득력을 잃은 지 오래인데, 그런 경우는 일부 把字句에만 적용이 되기 때문이다. 만약 '把'자의 빈어가 전치되었다면, 이것은 원래 자리로 돌아갈 수 있어야

---

5) 물론 이러한 '着'는 動相보어 성질이 내재된 '着'라고 여겨진다.

하는데, 그렇지 않은 把字句도 상당수 존재한다.6)

    (8) a. 他把書放在桌子上。

         그는 책을 책상위에 놓았다.

      b. *他放書在桌子上。   (박건영 1994 : 117)

    (9) 所以把你進個案首, 也是爲此。   《儒林外史・7回》

        그래서 너를 1등으로 올린 것도 마찬가지다.

    이는 把字句가 연동문으로부터 변천되어 나왔다는 사실을 반영하는 것인데, 필자는 吳福祥(2003)과 蔣紹愚(2008)에 근거하여, 處置式의 변천 과정을 아래와 같이 정리하였다.7)

〈그림 6-1〉 處置式의 변천과정(조경환 2009a : 128)

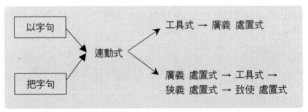

---

6) 박건영(1994)은 '빈어 전치설'에 대한 비판을 자세히 다루고 있다. 예를 들면 일부 '把'자의 빈어는 뒤의 동사와 직접적인 동사-빈어 관계를 이루지 않는다("他把橘子剝了皮。"). 또한 모든 타동사의 빈어들이 다 이동할 수 있는 것은 아니다("他作了兩首詩。" ⇏ "他把兩首詩作了。").

7) 把字句의 변천과정에 관해서는 以字句에서 변천되어 나왔다는 설(Bennett 1981)과 唐代에 기원했다는 설(祝敏徹 1957, 王力 1980), 그리고 이 두 가지 견해를 종합한 梅祖麟(1990)의 설이 있다. 이후 吳福祥(2003)은 以字句와 把字句를 포함한 處置式이 일반적으로 [連動式 > 工具式 > 廣義 處置式 > 狹義 處置式 > 致使 處置式]의 변천 경로를 따른다고 주장하였다. 실제로 2000년 이후의 많은 연구들(劉子瑜 2002, 吳福祥 2003, 蔣紹愚 2008 등)은 把字句의 변천 과정이 連動式에서 기원한 것으로 보고 있다.

위의 <그림 6-1>에서 볼 수 있듯이 廣義 處置式은 급여류 동사
가 쓰인 把字句(甲류)이며, 狹義 處置式은 보어가 쓰인 류(乙류)와
단순 동사가 쓰인 류(丙류)이다.8)

把字句가 연동문으로부터 변천되어 나왔다는 사실은 把字句가
실제로는 구문 자체에 아래와 같은 시간 구조 순서를 내포함을
암시한다.

〈그림 6-2〉把字句의 시간구조순서(조경환 2008 : 28)

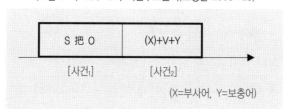

일반적으로 사람들은 把字句를 말할 때, 주로 狹義 處置式를 떠
올리지만, 張伯江(2000)·張旺熹(2001)의 연구에서도 알 수 있듯이

---

8) 吳福祥(2003)의 廣義 處置式·狹義 處置式과 梅祖麟(1990)의 甲·乙·丙의 관계는 다
음과 같다.

	형식	의미	예문
廣義把字句	甲류 : P(把)+O_1+V+O_2	V는 '給'·'到'·'作'류로 구분됨	把舜子頭髮懸在中庭樹。 ≪變文≫
狹義把字句	P(把)+O_1+V+之	대명사화(O_1=O_2)	師便把枕子当面抛之。 ≪祖堂集≫
	丙류 : P(把)+O+V	V 전후에 기타성분이 없음	仰山便把茶樹搖。 ≪祖堂集≫
	乙류 : P(把)+O+X+V+Y	구조 복잡화	圖把一春些占斷。 (秦韜玉詩)

廣義 處置式은 오늘날에도 여전히 높은 비중을 차지하고 있으므로 공시적으로나 통시적으로나 把字句의 원형으로 볼 수 있다.

비록 狹義 處置式에서는 '把'자의 상대적인 의미 허화로 인하여 [사건₁]이 두드러지지는 않았지만, 필자는 狹義 處置式도 廣義 處置式에 비하여 상대적으로 '소유' 의미가 약할 뿐, 여전히 <그림 6-2>와 같은 구조를 유지하는 것으로 본다.

한편 Xiao & McEnery(2004)의 두 번째 주장은 상당히 중요한 의미를 지닌다. 필자는 '把'자가 직접 결과를 유도한다고 보는 Ding(2001)의 견해와는 달리, '把'자의 추상적인 소유의미로 인해 把-NP는 종결적이라고 본다. 왜냐하면 화자는 주어를 참조점으로 하여 把-NP가 주어의 통제 영역 안에 있음을 알게 되므로, 그 빈어가 특정적(specific)이 되기 때문인데, 이에 관해서는 뒤에서 자세히 다루고자 한다.[9]

따라서 Xiao & McEnery(2004)가 제시한 규칙 12를 재해석한다면, 把-NP는 결과에 대한 가능성만을 나타내는 종결 대상이며, 결과를 유도하는 것은 구문 자체의 성질(把字句가 제한된 사건을 유지하려는 성질)에 기인한다.

설령 把字句가 廣義 處置式에서 狹義 處置式으로 변천했다고 하더라도, 이러한 성질은 여전히 유지된다. 요컨대 把字句에서 '결과'는 주로 동사 뒤의 요소인 장소, 수령자, 결과 상태 등에 의해서 표시되며, 把-NP 자체가 바로 결과를 유도하는 것은 아니다.

---

9) <그림 6-6>의 'S+把+O' 부분 참조 바람.

필자는 이와 같은 사실들에 근거하여 Xiao & McEnery(2004)가
제시한 把字句에 관한 규칙 12를 다음과 같이 수정하고자 한다.

(10) 把字句의 상 합성 규칙
　　　[把-NPtelic]＋[(X)＋V＋R result]＝제한된 사건(delimited event)

요컨대 중국어 특수 구문인 把字句나 被字句의 상 합성 과정은
지나치게 단순화되어서는 안 되며, 이 구문을 통시적으로 그리고
공시적으로 고려할 필요가 있다.

6.2. 把-NP와 증분대상

把字句의 상적 성질을 좀 더 이해하기 위해서는 把-NP의 상적
자질을 인지할 필요가 있는데, 이러한 연유로 把-NP는 증분대상
(incremental theme)이라는 개념과 자주 연관지어 논의되어 왔다. 비
록 앞장에서도 이미 언급하였지만 이는 중요한 개념이므로 여기
에서 다시 증분대상을 간단히 살펴보도록 하자.

(11) John drank a glass of beer.
　　　존이 맥주 한 잔을 마셨다.

위의 예문 (11)에서 'a glass of beer'는 여러 하위 부분을 가진
한 객체인데, 사건이 진행됨에 따라 맥주의 하위부분들도 그 맥주

의 하위 부분들을 마시는 사건으로 사상된다. 이는 다시 말해 맥주가 반잔만 마셔졌다면 그 맥주를 마시는 사건 역시 반만 이루어 진 것이고, 맥주 한 잔이 다 마셔졌다면 그 사건 역시 완성된 것이다. 이때의 빈어 'a glass of beer'가 바로 증분대상이며, 이것을 그림으로 나타낸 것이 바로 <그림 6-3>이다.

〈그림 6-3〉 증분대상과 사건과의 관계(Krifka 2001 : 3)

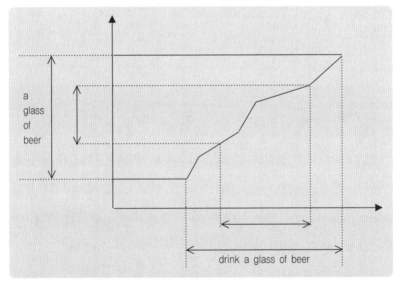

다른 예 "你的兒子在房外剪草坪。"을 들어보자. 이 문장에서 '草坪'의 상황을 보면, 우리는 '草坪'을 조금만 베었는지, 반만 베었는지, 혹은 다 베었는지를 알 수 있다. 이런 의미에서, '草坪'은 '剪草坪' 사건을 측정하는 증분대상이 된다. '你的兒子'의 상태만을 보아서는 이 사건이 얼마나 어떻게 진행되는가를 알 수 없으므로, 이것은 증분대상이 아니다. 증분대상의 개념은 이와 같이 대상과 종결사건간의 상관관계를 잘 설명해 준다.

把字句 연구에서 증분대상 개념을 처음 도입한 사람은 Yong (1993)이다. Yong은 원래 "他喝了酒。"(활동)와 "他把酒喝了。"(완수)와 같은 문장의 대조에서 '把'자의 기능을 감지하기 위하여 증분대상과 준동형 개념을 도입하였다. Yong(1993 : 88-89)은 만약 빈어가 증분대상이라면, 준동형 행위는 그것이 지시된 종료에 도달하기 전에 어떤 점에서 멈출 수 있으며, 증분대상이 아니라면 멈출 수 없는데, 이것은 '可是沒V完'으로 검증될 수 있다고 여겼다. 그가 제시한 예는 아래와 같다.

(12) a. 張三喝那杯啤酒, 可是沒喝完。
　　　　장삼은 그 맥주를 마셨으나, 다 마시지는 못했다.
　　 b. *張三把(那杯)啤酒喝了, 可是沒喝完。

(13) a. 他昨天洗了衣服, 可是沒洗完。
　　　　그는 어제 옷을 빨았으나, 다 빨지는 못했다.
　　 b. *他昨天把衣服洗了, 可是沒洗完。　　　(Yong 1993 : 88)

Yong은 (a)예문들에는 준동형이 존재하나, (b)의 把字句들은 '可是沒V完'과 의미적 충돌을 일으키므로 준동형이 사라진다고 보았다. 그러므로 (a)예문들의 빈어들은 증분대상이고, (b)예문들의 把-NP는 증분대상이 아니라고 하였다.

Yong(1993 : 89)은 SVO문과 把字句사이에 발생하는 이런 차이는 把-NP가 특정적인 데서 기인하는 것으로 보았다. 다시 말해 Yong 은 완수 개념을 잠재적 완수(potential accomplishment)와 실제적 완수 (actual accomplishment) 두 단계로 나누었는데, 특정 NP와 동사는 잠 재적 완수를 이루며, '了'와 함께 쓰일 경우 잠재적 완수는 실제로 발생하여 실제적 완수가 됨으로서 사건이 완성되게 된다. 따라서 (12b)과 (13b)의 把字句들은 '可是沒V完'과는 의미적 충돌을 일으 키므로 비문이 된다는 것이다.[10]

그러나 위와 같은 Yong(1993)의 견해에는 몇 가지 문제점이 있 는데, 첫째, '可是沒V完'은 준동형(homomorphism)을 검증하는 방법 으로 적절하지 않으며, 오히려 이것은 把-NP의 전체 피영향성 (total affectedness) 또는 결과(result) 자질과 관련이 있다. 설령 '可是 沒V完'으로 시험할 수 있다손 치더라도, 이것은 '把'자의 전체 영 향성 작용과 의미충돌을 일으키게 되므로 비문이 되게 된다.

둘째, 把字句에서는 증분적인 변화로서 포착할 수 없는 현상들 이 있는데, 예를 들면 "李四把張三殺了。"와 같은 문장에서 '張三' 은 증분적인 변화보다는 즉각적인 변화를 겪는다. 이것은 또한 把 -NP가 증분대상 이상의 개념임을 암시하기도 한다.

---

10) Yong(1993 : 88)은 "張三把那杯啤酒喝了半杯。"와 같은 문장에서의 NP는 증분대상 이라고 여겼는데, 왜냐하면 행위의 특정 하위부분이 양화구인 '半杯'에 의해 표시되 었고, VP의 이 양화구는 把字句에서 영향 받은 빈어 NP의 실제 범위를 나타내기 때문이다. 필자는 이와 같은 경우에는 '半杯'로 인해, '把'자의 전체영향성 작용이 방해받는다고 본다.

셋째, Yong(1993)은 SVO문(활동)과 把字句(완수)의 상적인 차이는 把-NP가 특정적(specific)이기 때문이라고 보았는데, 그 근거를 빈어 전치설에 두었다. 그러나 把字句는 SVO로부터 빈어가 전치되어 구성된 구문이 아니라 연동문으로부터 변천하였다는 사실은 이미 앞에서 언급한 바 있다.

Yong(1993)은 把-NP가 증분대상이 아니라고 주장한 반면, 여러 학자들이 把-NP가 증분대상임을 주장하였는데, 특히 楊素英(1998)은 把-NP가 '직접내재논항(direct internal arguments)'이라고 주장하였다.[11] 이 용어는 Tenny(1994 : 18)가 말한 개념으로서, 동사가 지시하는 사건을 상적(aspectual)으로 측정할 수 있는 논항, 즉 '동작 또는 변화과정을 측정하는 논항'이라는 의미이다.[12]

이제 把字句의 예를 살펴보자. 把-NP의 사건측정능력[13]이 把字

---

11) 楊素英은 처음(Yang 1995)에는 "*把李四走進了冰水裏。"의 예를 제시하면서, 把-NP가 증분대상임을 부정하였다. 그러나 이와 같은 致使 把字句와 같은 경우에 使動적인 관계가 성립되기 위해서는, 외부요인으로 작용하는 주어가 출현해야 한다. 따라서 이 문장 자체가 의미적으로 불완전하므로 당연히 비문이 되게 된다. 이후(1998), 楊素英은 자신의 주장을 번복하며, 把-NP가 증분대상을 포함한 '직접내재논항'이라고 주장하였다. 그녀가 이렇게 주장을 바꾼 배경에는, Dowty(1991)와 Tenny(1994)의 施事주어(Tenny의 '외재논항'에 해당)의 사건 측정성에 관해 이견이 있었기 때문이다. Dowty는 경우에 따라 施事 주어도 사건을 측정할 수 있는 것으로 보았으나, Tenny는 施事 주어의 행위 또는 이동은 불완전하게 상술되므로, 즉 施事는 척도(MEASURE), 경로(PATH), 종점(TERMINUS) 같은 상적 역할과 양립할 수 없으므로, 사건을 측정할 수 없다고 보았다. 필자는 뒤에 수정한 楊素英(1998)의 견해를 지지한다.

12) 직접 내재 논항에 대해서는 5.2에서 자세히 논의하였다.

13) Tenny(1994 : 19)가 제시한 부사(Adverbs) 'halfway'시험을 통해, 증분대상·경로빈어·상태변화동사의 빈어를 쉽게 구분할 수 있다. 직접 논항에서의 변화에 의한 사건의 측정 논항은 직접 논항에 의해 제공되는 측정을 분명하게 하는 'halfway'와 같

句의 성립여부에 중요한 역할을 한다는 것은 아래의 예문에서도 증명된다.

(14) a. *他們把北京走到了。

　　 b. 他們把北京走了個遍。　　　　　　　　(楊素英 1998 : 13)

　　　그들은 북경 구석구석을 다 돌아다녔다.

예문 (14a)에서 동작을 측정하는 것은 외재논항인 '他們'이지 '北京'이 아니므로, '北京'은 동작의 종점일 뿐이다. 예문 (14b)에서 北京은 하나의 점이 아닌 하나의 구간이며, '走遍'의 동작을 측정할 수 있으므로, 즉 경로동사의 직접내재논항이 되므로 정문이 된다.

Tenny(1994)는 Smith(1991), Verkuyl(1994) 등의 여러 학자들과 마찬가지로, 사건의 제한성을 합성적이라고 보았으므로, 사건의 제한성은 동사에만 의존해서는 안 되고, 경우에 따라 빈어에 의존해야 한다고 하였다. 결국 楊素英(1998)은 이에 근거해 把-NP의 사건측정능력에 주목한 것이다.

사실 把-NP가 '직접내재논항'이라는 주장은 楊素英(1998)보다도 Tenny(1994 : 165~168) 본인에 의해 먼저 주장되었는데, Tenny는

은 부사에 의해 명확해진다.

i) Mary ate an apple *halfway*. (증분대상)

　 Susan walked the Appalachian Trail *halfway*. (경로빈어)

　 그러나 이러한 부사 시험은 상태변화의 동사에는 유용하지 못하다

ii) ?The gardener ripened the fruit *halfway*.

'把'자가 시간 끝점을 가지는 동사적 사건(verbal events)들과 연관되어 있다고 언급하면서, 把字句와 함께 영향 받은 빈어·결과보어·상 표지들을 공기조건으로 보았다.14)

Tenny는 주로 상태의 변화와 관련하여 다음과 같은 예를 들었다.

(15) a. 他把張三殺了。

　　　그는 장삼을 죽였다.

b. 李四把大衣穿着。

　　　李四는 외투를 입었다.

c. *李四把小明看見了。　(Tenny 1994：167)

(15a)와 (15b)의 예는 상태의 변화를 나타내는 반면, (15c)는 상태의 변화를 겪은 것이 아니므로 비문이 된다.

把字句의 예들을 좀 더 살펴보자.

(16) a. 他把那個蘋果吃了。　　　　　　　(劉培玉 2001：45)

　　　그는 그 사과를 먹었다.

b. 他把那首很難的詩作了。　　　　　(王還 1959：16)

　　　그는 그 어려운 시를 지었다.

(17) a. 小紅把辮子剪了。　　　　　　　　(신준호 1998：24)

　　　小紅이 변발을 잘랐다.

---

14) "把字句는 상태의 변화, 영향을 받은 빈어 그리고 결과보어와 함께 공기할 수 있는데, 이에 우리는 빈어가 '가늠 상적역할(MEASURE aspectual role)'을 지녔다고 말할 수 있다……." (Tenny 1994：168)

    b. 他早把這件事忘了。　　　　　　　　　(徐丹 2004 : 125)

      그는 일찍이 이 일을 잊어버렸다.

(18) a. 學生們都把運動場跑完了。　　　　　　(신준호 1998 : 24)

      학생들이 모두 운동장을 다 뛰었다.

    b. 他把書放在桌子上。　　　　　　　　　(呂文華 1994 : 45)

      그는 책을 책상위에 두었다.

把-NP는 (16)에서는 증분대상이며, (17)에서는 상태변화동사의 빈어이며, (18)에서는 경로 빈어이다. (16)에서 '사과'는 시간이 경과함에 따라 소비되었고, '시' 역시 시간의 경과에 따라 창작되었다. (17)에서 '변발'은 시간에 따라 자질의 변화를 겪었으며, '일' 역시 상태의 변화를 겪었다. (18a)에서 운동장은 비록 명백한 변화를 겪지는 않았지만, 점진적으로 사건의 과정에 따라 측정된다. (18b)는 빈어가 실제로 이동했다는 점에서 (18a)와는 차이가 있다. 책은 그의 영향권에서 책상까지 이동하게 되고, 따라서 그 책은 이동사건을 측정하는 직접내재논항이 된다.

그런데 경로빈어가 변화 또는 이동을 겪지 않는다는 Tenny (1994)의 견해는 본서에서 주장하는 把-NP의 전체 피영향성과는 모순이 되는 것처럼 보인다.

이에 대해 필자는 Tenny가 말하는 변화라는 것은 물리적인 변화를 의미하는 것이고, Tenny의 이러한 주장은 적어도 把字句에서는 화자의 역할을 간과하는 결과를 가져온다고 본다. 즉 (18a)와 같은 경로빈어는 Tenny의 말처럼 물리적인 변화를 겪지는 않았지만, 화자의 관념에서는 변화를 겪은 것으로 이해되어야 한다.[15] 또한 필자는 (18b)와 같은 把字句를 가장 원형적인 把字句로 간주하였다.[16]

지금까지 필자는 把-NP의 전체 피영향성과 관련하여, 증분대상과 직접내재논항을 살펴보았다. Dowty(1991)의 개념에 근거하여, 把-NP가 증분대상이라고 보는 데에는 다소 무리가 있는데, 이는 把-NP가 점진적인 변화를 할 때에는 증분개념을 포착하기 쉽지만, 동사 속에 순간성이 내재되어 있거나, 빈어에 뚜렷한 변화가 나타나지 않으면 증분대상 개념을 잡기가 힘들기 때문이다.

이 말은 증분대상의 개념으로는 Tenny(1994)가 말하는 상태변화동사의 변화를 포착하기 힘들다는 것이다. 따라서 필자는 把-NP를 '증분대상'이라고 보기보다는 더 포괄적인 개념인 사건을 측정하는 '직접내재논항'이라고 주장한 楊素英(1998)과 신준호(1998)의 주장이 좀 더 타당하다고 본다.

마지막으로 필자는 把-NP가 '직접내재논항'이 될 수밖에 없는

---

15) 把字句에서 화자의 관심대상은 把-NP이지 주어가 아님을 상기할 필요가 있다.

16) 필자는 6.3절에서 경로도식(path schema)에 근거하여 把字句를 시공영역에서 분석하므로, 사실상 모든 把字句의 把-NP는 경로도식선상에서 사건을 측정하는 빈어라고 할 수 있다. 그러므로 필자는 (18b)와 같은 把字句를 가장 원형적인 把字句로 여긴다. 필자가 비록 (18b)를 경로빈어의 설명에 포함시켰지만, 이것은 Tenny의 경로빈어와는 엄연히 다르다. 따라서 필자는 경로도식선상에 사건을 측정하는 빈어를 '이동빈어'라고 부를 것이고, 把字句의 증분대상·상태변화동사의 빈어·경로빈어를 본질적으로 동일한 것으로 간주하였다.

이유가 바로 '把'자에 있다고 보았는데, '把'자는 주어의 행위를 빈어가 전체적으로 영향 받게 하고, 반드시 어떤 결과에 다다르게 만든다. 그러므로 把-NP는 사건과 평행하게 진행되고, 사건을 측정하는 '직접내재논항'이 된다는 것이다.

6.3. 把字句의 사건구조

우리는 6.2절에서 把-NP가 사건을 가늠하는 직접내재논항임을 살펴보았다. 여기에서 생각해 보아야 할 문제는 "把-NP가 어떻게 이러한 기능을 가지게 되었는가?"이다. 필자는 이것이 기본적으로 '把'자와 把字句의 고유한 구문 성질에서 기인한다고 여긴다. 좀 더 구체적으로 말하자면 '把'자의 원래 의미인 '잡다'로부터 把 -NP의 이러한 상적 기능이 생겼다는 것이다.

그렇다면 '대상을 잡다·소유한다'라는 공간상의 개념이 도대체 사건의 제한성(delimitedness)과는 어떤 관계가 있는 것인가? 전통적으로 끝점(endpoints)과 사건은 시간 영역에서 파악되어 왔지만, Van Voorst(1988 : 27)는 이러한 시간의 끝점들을 현실(reality)의 대상으로 해석할 것을 제안했다. 이는 사건에 대한 시간적인 분석이 공간적인 개념으로 대체되었음을 의미한다.

구체적으로 Van Voorst(1988 : 27)는 다음과 같은 예를 들어 설명하였다. "He ate an apple."과 같은 문장은 종결 구조인데, 주어인 'He'는 '기원(origin)대상'으로 작용하며, 목적어인 'an apple'은

'종결(termination)대상'[17]으로 작용한다. 그러나 "He is working."과 같은 문장은 오직 기원 대상만을 가졌을 뿐, 종결 대상을 가지지는 않았으므로 비종결이 된다. 이러한 관계를 Van Voorst(1988 : 27)는 다음과 같은 그림으로 나타내었다.

〈그림 6-4〉 종결 사건구조와 비종결 사건 구조 (Van Voorst 1988 : 27)

a. 종결 사건구조 : "He ate an apple."

기원 대상 :　　　　　　　　　　　　　　　종결 대상 :
주어 NP　　　　　　　　　　　　　　　　　빈어 NP

b. 비종결 사건구조 : "He is working."

기원 대상 :
주어 NP

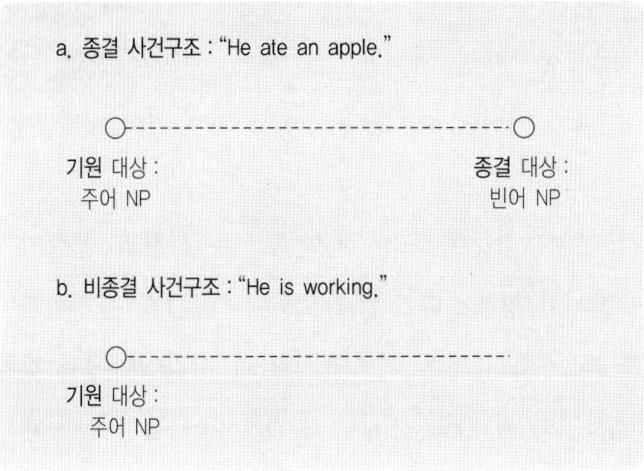

　　위의 그림에서 알 수 있듯이 사건은 시간의 끝점이 아닌, 공간에서의 대상에 의해 제한된다. Van Voorst의 이러한 가정이 설득력 있는 이유 중의 하나는 이러한 공간적인 경계성이 시간적인 경계성보다 좀 더 기본적이라는 점이다.

---

17) 학자에 따라 '종결(telic)'이라는 용어 대신 'terminative'를 사용하기도 한다. 실제로 Van Voorst(1988), Verkuyl(1999) 등은 'telic'보다는 'terminative'라는 용어를 사용하였다. 의미상의 차이는 없으므로, 본서에서는 설명의 편의를 위해 'telic', 'terminative' 모두 '종결'로 번역하였다.

즉 공간적인 경계성이 시간적인 경계성보다 좀 더 기본적이라
는 사실은 공간적인 경계성이 항상 시간적인 경계성을 암시하지
만, 시간적인 경계성이 항상 공간적인 경계성을 암시하지는 않는
다는 점이다. 예를 들면 "他跑到學校。"는 공간적인 경계성과 시간
적 경계성을 둘 다 포함하지만, "他跑了一個小時。"는 공간적인 경
계성을 포함하지는 않는다. Van Voorst(1988)는 끝점(end point)을
시간이 아닌 공간에서 해석할 것을 제일 먼저 제안한 학자로 여
겨지는데, 그의 이러한 견해는 Tenny(1992)에 의해 한층 더 발전되
었다.

앞에서 살펴보았듯이 Tenny(1994 : 25)는 시간과 공간의 경계성
이 많은 면에서 평행하다고 여김으로써 "공간적 경계성과 시간적
경계성은 두 가지의 다른 영역인 공간과 시간영역에서 같은 것이
다."라고 하였다.[18] Tenny(1994 : 167)는 또한 공간적 경계성을 시
간적 경계성으로 전이할 수 있는 것은 오직 '직접내재논항(direct
internal argument)'뿐이라고 하였으며, 把-NP가 '직접내재논항(direct
internal argument)'이라고 주장하였다.[19]

필자는 Tenny(1994)의 견해에 근거하여 把-NP의 이러한 사건
측정 능력은 '把'자와 구문 자체에서 오는 것이며 把-NP의 보다
근본적인 성질은 종결(telic)이라고 여기는데, 이에 관해서는 아래

---

18) "Spatial delimitedness and temporal delimitedness are the same thing in two different
    domains: the spatial and the temporal."
19) 이에 관해서는 Tenny(1994 : 167)의 주장에 근거하여, 楊素英(1998)과 신준호(1998)
    에서 본격적으로 논의되고 있다.

에서 살펴보도록 하겠다.

Ding(2001)은 Maslov(1988)[20]의 의견을 받아들여 동사 자체가 내재적으로 가지고 있는 '결과 의미(resultative meaning)'에 주목하였다. 예를 들면 'hold'의 의미는 한편으로는 '실체가 있는(tangible) 개체를 쥔다'라는 의미에서 '실체가 없는 물체를 포함'하는 쪽으로 확대되고, 다른 한편으로는 'hold'[21]의 구체적 영역에서 '조작(manipulation)'이라는 추상적 영역으로 발전된다고 하였다. 또한 덜 구체적이거나 은유적인 의미는 두 번째 확대에 평행되는 영역의 전환이 추진되고 결국 결과 의미를 가지게 된다고 하였다.[22]

따라서 '把'자의 원래 의미인 어떤 물건을 '쥐어서' 누구에게 주거나 어떤 장소에 놓는 행위는 '장소의 변화' 또는 '소유의 이전' 등과 함께 어떤 조작을 나타내며, 더 나아가 의미확대가 일어남으로써 결과구문을 표시한다는 것이다.

Ding은 이러한 가정에 근거하여 '把'자의 변천에 있어서 두 가

---

20) "Maslov(1988)는 인도 유럽어에서 완료(perfect)의 형성 과정에서 결과(resultative) 또는 행위적 완료(actional perfect)의 단계가 존재함을 주목하였다."(Ding 2001 : 112)
21) 학자들마다 '把'자의 영어 번역이 다르기는 하지만, 이것은 큰 문제가 되지는 않는다. 왜냐하면 '把'자의 문법화 과정은 Heine(1997)의 행위도식(X takes Y)과 관련이 있기 때문인데, Heine에 따르면 이 행위도식에 출현할 수 있는 동사는 'take'외에도, 'seize', 'grab', 'catch', 'hold', 'carry', 'get', 'find', 'obtain', 'acquire', 'rule' 등이 있다.
22) Ding(2001 : 113)은 이 과정을 아래와 같이 정리했다.

		②	
(a) 조작(manipulating)	⇐	구체적인 물건을 쥠	
(b) 결과적(resultative)	⇐	추상적인 물건을 쥠 ↲ ①	
		③	

지 경로를 제시하였는데, 이를 그림으로 살펴보면 다음과 같다.

〈그림 6-5〉 '把'자의 두 가지 변천 경로(Ding 2001 : 116)

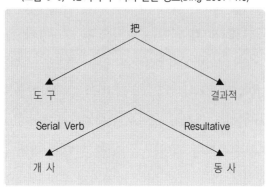

위의 그림에서 알 수 있듯이 '把'자는 두 가지 경로로 나뉘어 변천하였는데, 하나는 탈 동사화된(deverbalized) 개사로 이끌어졌고, 그것의 기능은 도구로서 재해석되는 반면, 다른 하나는 근본적으로 의미적 변화를 나타내며, 범주적 변화를 겪지는 않았다.

그러나 필자는 '把'자가 직접 결과를 유도한다고 보는 Ding (2001)의 이러한 견해에는 동의하지 않는데, 그보다는 '把'자 자체에 어떤 대상을 소유한다는 의미를 내포함으로써 종결 빈어를 가지게 된다고 여긴다.

즉 필자는 탈색 모형(bleaching model)과 참조점 모형(reference-point model)에 근거하여 '把'자가 '소유' 의미를 지니며 주어의 통제 영역을 나타낸다고 보았는데,[23] 즉 Ding(2001)과는 달리 '把'자가 가져오는 상태는 결과보어의 상태가 아닌 손이 그 물체를 쥔

'소유' 상태라고 보았다. 이를 그림으로 나타내면 다음과 같다.24)

〈그림 6-6〉 '把'자의 소유 영역25)

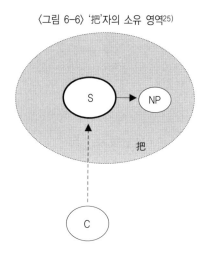

위의 그림에서 알 수 있듯이 화자(C)는 주어(S)를 참조점으로 하여 把-NP가 주어의 통제 영역, 즉 '把'자의 소유 영역 안에 있음을 안다. 그 빈어가 주어의 영향권에 있는지는 화자에 의해 판단되므로, 把-NP는 최소한 특정적(specific)이며 종결적이다.26)

---

23) 필자(2005 : 12) 참조.

24) 이미 여러 학자들이 '把'자를 단순히 受事표지 또는 대격 표지로 여기기보다는 어떠한 의미적 자질이 남아 있는 것으로 보았는데, 예를 들면 王紅旗(2003)는 '把'자의 기능이 '통제'에 있다고 보았고, 劉培玉(2001)은 '把'자가 연동문에서 의미가 허화된 후 '握'·'拿'의 의미를 상실했지만, 뒤의 빈어가 동사의 지배대상임을 표시하는 기능은 여전히 남아있다고 보았다.

25) 필자는 위의 그림에서 설명의 편의를 위하여 술어동사와 결과보어는 생략하였다.

26) 이러한 견해는 동사와 보어가 융합된 뒤에 受事명사가 동사 앞으로 이동하며, 그 과정에서 '把'자를 첨가하여 이 명사의 의미역이 受事임을 표시한다는 石毓智(2003, 2006)의 주장과는 다른 입장이다. 石毓智(2003, 2006)의 이러한 주장은 把字句의 초기 형태인 給與류·放置류(=廣義 處置式, 甲류)와 원형 동사가 쓰인 류(=丙류)에 관

종결 빈어를 가진다는 것은 반드시 [결과]를 유도하는 것은 아니며, 그것은 단지 [결과]를 유도할 수 있는 하나의 가능성만을 가진 것뿐이다. 이러한 가능성이 어떻게 실현되는가에 관해서는 어휘 단계가 아닌 문장 단계에서 파악해야 할 문제이다.

다시 말해 결과 상태를 가져오는 것은 동사의 작용이며, 把字句에서 결과보어는 시간순서원칙(PTS)에 따라 그 동사의 뒤에 놓이게 된다. 예를 들어 "他把我氣得胃痛。"에서 '胃痛'의 결과 상태는 사건 '他氣我'를 제한하고, 이는 사건의 결과로서 발생한 빈어 '我'의 상태변화를 지시한다. 따라서 분개한 사건에 의해 그것은 전체적으로 빈어 '我'의 상태변화를 지시하게 된다. 결국 把-NP의 전체 피영향성(total-affectedness)은 '把'자 뿐만 아니라 동사와 결과보어와의 관계까지도 고려해야 한다.

把字句와 결과보어의 결합현상은 구문자체의 변천과 타동성의 관점에서 보면 좀 더 쉽게 이해할 수 있다. 일찍이 Hopper & Thompson(1981 : 274)은 "把字句가 고-타동성 절-유형이다(The ba construction is a highly Transitive clausal-type)."라고 했다.

甲류에서는 '把'자와 동사가 把-NP에 대해 비교적 균등한 동작량을 가지는 반면, 乙류에서는 '把'자가 문법화 됨에 따라 '把'자의 물리적인 동작량도 떨어지게 되며 그 떨어진 만큼 把-NP 뒤의 동사의 동작량은 상승하여 把字句는 여전히 고-타동적인 성질

해서는 설명할 수가 없으므로 본서에서는 連動式 기원설을 따른다.

을 유지하게 된다.

Huddelston(1994)은 '타동성(transitivity)'이라는 용어 자체가 원래 '가다(go)＋가로질러(across)'를 의미하는 라틴어 'trans'로부터 파생되었으므로, '타동성'이란 "Ed killed Bill"의 예에서 어떤 행위가 Ed에서 Bill로 전이된다는 생각을 반영한다고 하였다.[27]

이러한 생각은 우리가 살고 있는 세계가 질서있게 구조 지어졌고, 상대적으로 안정되고 경계가 뚜렷한 개체들이 서로 작용하는 것, 그리고 서로 동력전달을 하는 것으로 가정한 Langacker(1991)의 '당구공 모형(billiard model)'에 그대로 반영된다. 따라서 영향받은 개체는 실제적이든 가상적이든 이동을 하게 되고, 이것이 바로 상태 변화를 의미한다는 것이다.[28]

따라서 把-NP는 종결 대상일 뿐이며, 결과를 유도하는 것은 把字句가 제한된 사건을 유지하려는 성질에 기인하는데, 설령 把字句가 廣義 處置式에서 狹義 處置式으로 변천하더라도, 이러한 성질은 여전히 유지된다. 요컨대 把字句에서 '결과'는 장소, 수령자, 결과 상태 등에 의해서 표시되는데, 把-NP 자체가 결과를 의미하는

---

27) Sun(1995 : 163) 참조.

28) 把字句와 타동성(transitivity)에 관해서는 Hopper & Thompson(1981)이 최초로 논의하였으며, 王惠(1997)가 보다 심도 있게 논의하였다. 王惠는 把字句는 11개의 타동성 자질 중 반드시 아래와 같은 7개의 자질을 가져야 한다고 주장하였다.

주어 [＋시동성]
동사 [＋동작], [＋완성], [＋긍정]
빈어 [＋지시], [＋전체 피영향성]
문장 [2개의 참여자]

것은 아니다.

우리는 지금까지 把-NP가 '종결'요소임을 살펴보았다. 그렇다면 把-NP는 어떻게 Tenny(1994)의 주장처럼 사건을 상적으로 측정할 수 있으며, 또한 處置와는 어떠한 관계인가라는 문제에 대하여 살펴보기로 하자.

張伯江(2000)과 張旺熹(2001)는 把字句의 가장 큰 특징으로 '위치이동성'을 들었다. 張伯江은 繆小放(1991)이 조사한 老舍의 작품에 출현한 1,619개의 把字句와 자신이 직접 조사한 王朔의 작품(4부) 속의 614개의 把字句에 대하여 통계를 내었다. 그 결과 동추류(動趨類)가 가장 큰 비율(286개 : 48%)을 차지했으며, 張伯江(2000)은 이에 근거하여 '위치이동성'을 把字句의 기본성질로 보았고, 동결류(動結類)·급여류(給與類)·동량류(動量類) 모두가 '공간의미'에서 파생되어 나온 것이라고 주장하였다.

張旺熹(2001) 역시 1996년 1분기 인민일보 기사에서 2,160개의 把字句를 수집하여 통계를 낸 결과, 방향보어와 개사구를 포함한 동사구 구문이 절반 정도를 차지하고 있음을 발견하였으며, '위치이동성'을 把字句의 기본성질로 보았다.

崔希亮(1995 : 15)도 약 250년의 시간차가 있는 ≪紅樓夢≫과 ≪男人的一半是女人≫이라는 두 편의 소설에 출현한 把字句에 대해 통계를 내었는데, 방향보어와 개사구는 위의 두 편의 소설에서 결과보어에 비해, 전자는 두 배 정도(654>339) 후자는 세 배 정도(235>88) 더 많이 출현하였다. 또한 전체 수량에 있어서도 방향보어와 개사구의 경우 전자는 거의 절반을 차지하였고, 후자는 절반 이상을 차지하였다. 필자는 이러한 把-NP의 위치이동성이 處置의 개념과 把字句의 사건성을 파악하는 데 중요한 역할을 한다고 본다.

필자는 把-NP의 이러한 위치이동성을 시공영역에서 파악하기 위하여 Johnson(1987/1992)의 경로도식(path schema) 개념을 도입하였다.[29] 경로도식은 영상도식의 하위도식 중의 하나인데, 이 영상도식(image schema)은 Johnson(1987/1992)이 제시한 용어로서, 인간의 신체 움직임·사물의 조작·지각적 상호작용 안의 반복적인 패턴을 가리킨다.

Ungerer & Shmid(1996/1998 : 242)는 영상도식을 우리가 세계와 일상적으로 상호작용함으로써 파생되는 간단하고 기본적인 인지구조로 추상적인 의미론적 원리가 아닌 구체적인 범주 및 원리보다 더 기본적인 정신적 그림으로 이해되어야 한다고 하였는데, 즉 영상도식은 본래부터 선 개념적이라고 할 수 있다. 또한 Pena (2003/2006 : 59)는 영상도식이 본질적으로 위상적인 사건 패턴이라고 하였다.

영상도식에는 기본적으로 용기(container)도식·힘(force)도식·밸런스(valance)도식·경로(path)도식·연결(link)도식·척도(scale)도식이 있는데, 이 중에서 把字句와 가장 밀접한 관계인 것이 바로 경로(path)도식이다.[30]

---

29) 필자(2005 : 69) 참조.
30) Johnson(1987)과 Lakoff(1987)는 모든 영상도식이 동일한 개념화 층위에 해당한 것

　Johnson(1987/1992)은 인간의 생활은 공간과 공간을 연결하는 경로로 넘치고 있는데, 예를 들면 우리가 일어나서 침대에서 욕실로 가고, 다시 부엌으로 가고, 또 집에서 잡화점으로 가거나, 좀 더 광범위하게 지구에서 달로 가는 경로도 있다고 하였다. 이런 경로(path)의 모든 사례에는 3가지의 공통적인 요소인 출발점·도착점·출발점과 도착점을 잇는 일련의 인접하는 장소들을 발견할 수 있는데, 이것을 바탕으로 다음과 같은 경로도식을 그릴 수 있다.

〈그림 6-7〉 경로도식(path schema) (Johnson 1987/1992 : 200)

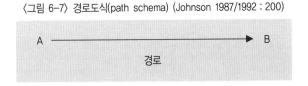

A ────────────────▶ B

경로

　Johnson(1987/1992 : 200)은 이 경로도식의 전형적인 성질을 다음과 같이 제시하였다.[31]

으로 본 반면, 이후 여러 학자들은 영상도식 간에도 위계가 존재함을 지적하였다. 특히 Pena(2003/2006)는 경로 도식·그릇 도식·부분-전체 도식을 기본적인 것으로 여기고, 그 외의 도식은 이 세 가지 도식의 부차적인 것으로 보았다.

[31] Pena(2003/2006 : 263)는 Johnson(1987)의 경로도식이 반드시 끝점에 도착함을 함의하지는 않는다고 언급하면서("I do not know which way to go."), 반드시 목표를 초래한다는 경로도식의 하위 도식인 '과정 도식'을 제시했다. Pena(2003/2006 : 267)가 제시한 과정 영상 도식의 내적 논리는 다음과 같다.

① 당신이 경로를 따라 근원지에서 목적지로 간다면, 경로 위의 각 공간지점을 통과해야 한다.
② 당신이 경로를 따라 더 멀리 있을수록, 출발이후 더 많은 시간이 지나간다.
③ 경로를 따르는 이동은 반드시 목적지로 이어진다.

(19) ① A와 B가 연속적인 위치들의 연쇄로 연결되어 있으므로,
　　　A를 떠나 B에 도착한다는 것은 중간 지점을 모두 통과
　　　한다는 것을 의미한다.
　　② 경로에는 방향성을 부과할 수 있다.
　　③ 경로는 시간적 차원으로 사상할 수 있다. 시간 T_1에 A점
　　　(출발점)에서 출발하여 시간 T_2에 B점(도착점)에 도착한다.

　위에서 언급한 첫 번째 성질인 A를 떠나 B에 도착했다는 것은
A가 출발지이고 B가 목적지라는 것을 의미한다. 이런 출발지와
목적지는 은유적으로 하나의 상태와 다른 상태를 나타낼 수도 있
으며, [변화는 이동]·[변화 전은 출발점, 변화 후는 도착점]이라는
은유로 의미가 확대될 수도 있다.32)

　따라서 본서에서 말하는 '경로도식'은 실제로는 Pena(2003/2006)의 '과정 영상 도
식'이라고 할 수 있다.
32) Lackoff(1993)의 사건구조은유는 근원영역을 공간으로, 목표영역을 사건으로 한 은
유라고 할 수 있다(Kövecses 2000/2002 : 240-248). 즉 사건의 다양한 측면을 자신
의 목표영역으로 갖는다. 사건의 측면들은 변화하는 상태, 변화를 일으키는 원인,
변화 그 자체, 행동, 행동의 목적 등을 포함한다. 이 사건의 이러한 다양한 측면들은
은유적으로 위치와 힘, 이동과 같은 물리적 개념에 의해 이해된다. 임혜원(2004 :
115)은 Lackoff(1993)의 사건구조은유를 국어의 경우에 맞추어 좀 더 간략화 하였다.

1. [일은 장소] 시간적인 제약 때문에 한국학 영역은 많이 다루지 못하는 영역으
　로 이렇게 판단이 됐고.
2. [상태는 처소] 박사과정에 있다고 얘기하고.
3. [변화는 이동] 남자 주인공이 어 갑자기 포도라는 말로 이렇게 말을 건네면서.
4. [변화 전은 출발점, 변화 후는 도착점] 사정이 좀 복잡해서 경영학과 하다가 사
　학과로 옮겼어요.
5. [지향은 이동 방향] 앞으로의 올바른 민간 교류 방향은 무엇인가?
6. [과정은 경로] 근데 그 과정을 거쳐 갖고 간 사람들이잖아.
7. [태도는 이동 방법] 그 사람하고 관계된 것도 아닌데 너무 비약적으로 끌어가
　는 것 같애.

두 번째 성질은 경로 자체에는 고유한 방향이 없지만, 경로를 지나는 데에는 목적이 있기 때문에 방향성을 부과할 수 있다는 것을 의미한다. 세 번째 성질은 선으로서의 공간화가 시간성을 이해하는 데 중요한 방식임을 암시한다. 사람이 통로를 지나간다는 것은 시간이 걸리는 것이고 통로상의 점은 시간의 흐름을 의미하게 되는데, 이 세 번째 성질은 공간적인 경계성은 시간적 경계성을 내포한다는 의미로도 이해할 수 있다.

把-NP의 위치이동성을 시공영역에서 파악하기 위하여, 경로도식과 Langacker(1991)의 무대모형에 근거하여 필자는 다음과 같은 모형을 제시하였다.[33]

〈그림 6-8〉 把字句의 객관적 이동도식(조경환 2005 : 75)[34]

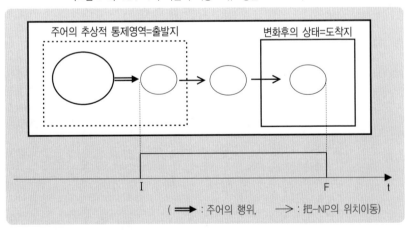

---

33) 필자(2005) 참조.
34) 설명의 편의를 위해 화자(C)는 생략하였다.

위의 그림에서 큰 원은 주어이고, 작은 원은 '把'자의 빈어로서 영향을 받은 이동대상을 의미한다. 주어를 굵은 선의 원으로 처리한 이유는 주어의 현저성으로 인해 화자가 주어를 참조점으로 하여 '把'자가 나타내는 통제영역 안에 있는 빈어의 존재를 인식했기 때문이다. 점선의 큰 사각형은 '把'자의 통제의미가 나타내는 주어의 영향권이고 동작의 영향을 받기 전에 '把'자의 빈어는 항상 이 영향권에 나타난다.

위의 그림에서 알 수 있듯이 '處置'는 화자가 보기에 주어의 소유 영역에 있던 把-NP의 위치이동의 결과이며, 따라서 把字句는 시공 영역에서 잘 제한된다. 把-NP의 위치이동은 "他把鋼筆送給我了。"와 같이 객관적일 수도 있으며 "他把窗戶擦乾淨了。"와 같이 상대적으로 주관적일 수도 있다.

<그림 6-8>에서 알 수 있듯이 把-NP를 이동하는 객체(moving objects)로서 이해한다면, 이것은 자연스럽게 그것의 이동으로서 사건을 측정할 수 있다는 것을 알 수 있으므로 Tenny(1994)가 제시한 把-NP가 '직접내재논항'이라는 주장과 자연스럽게 연결된다.

요컨대 把字句의 사건구조는 다음과 같은 순서로 도출된다.

〈그림 6-9〉 把字句의 사건구조 도출과정

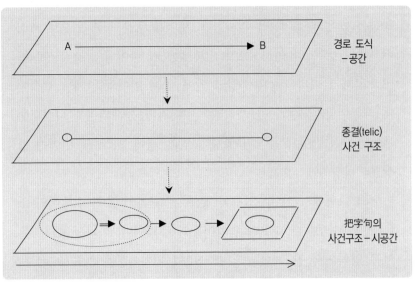

Van Voorst(1988)는 [종결]과 [결과]를 구분하지 않았으므로 그가 제시한 '종결 사건 구조'는 실제로는 사실상 시공영역에서 제한된 사건 구조를 나타낸다고 할 수 있다. 위의 그림에서도 알 수 있듯이 경로 도식·종결 사건 구조·把字句의 사건구조는 추상성과 구체화에 있어서 정도의 차이일 뿐이다.[35]

앞 장에서도 살펴보았듯이 특정한 종결 빈어를 가졌다는 것이 반드시 결과를 유도하는 것은 아니며, 이는 단지 결과를 유도할 수 있는 하나의 가능성만을 제공할 뿐이다.

---

35) 〈그림 6-9〉의 추상화와 구체화는 또 다른 함의를 내포한다. '경로 도식'은 개념적 구조(conceptual structure)이며, '把字句의 사건구조'는 의미적 구조(semantic structure)에 해당된다.

이와 같은 모든 사실에 근거하여 把字句의 상 합성 과정을 그림으로 나타내면 아래와 같다.

〈그림 6-10〉 把字句의 상 합성 과정

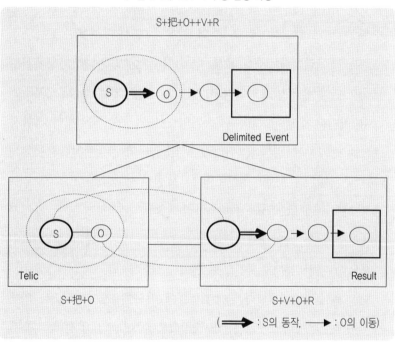

위의 〈그림 6-10〉에서 아래 두 상자의 주어와 빈어 간의 점선은 동일 개체를 지시한다는 것을 나타낸다. 아래 두 상자 중에서 왼쪽 상자 [S+把+O]는 화자가 보기에 '把'자에 표시된 주어의 영향권(회색의 원)에 빈어가 있음을 나타내며, 오른쪽의 상자 [S+V+O+R]은 결과 사건을 나타낸다.

위의 그림은 사실상 把字句가 연동문으로부터 기원한 두 개의 사건으로 복합사건이자 제한된 사건(delimited event)이라는 점과 [사건₁]과 [사건₂] 간의 시간적 연속성을 강조하고 있는데, 즉 [사건₁]은 반드시 [사건₂] 전에 발생해야만 한다.

여기에서 주의해야 할 점은 "這份工作把他累壞了。"와 같은 이른바 致使 把字句도 <그림 6-9>와 같은 복합사건 도식으로 볼 수 있는가라는 점이다. 사실 致使 把字句는 把字句 변천 과정에서도 마지막 단계에서 발생하였다.³⁶⁾ 따라서 致使 把字句에서 '把'자의 '소유'의미는 상당히 허화되어, 위의 그림과 같이 두 개의 복합사건으로 보기는 어렵다. 그러나 致使 把字句의 주어는 다른 把字句와는 다른데, 즉 주어 '這份工作'는 사실상 '他做這份工作'라는 사건의 환유적인 致事(cause)이다. 따라서 致使 把字句의 주어 자체가 하나의 사건을 나타내므로, 致使 把字句 역시 두 개의 사건이 연속적으로 배열된 복합사건으로 볼 수 있다.

또한 致使 把字句가 다른 把字句들에 비하여 '把'자의 소유 의미가 상당히 허화되었다고는 하지만 그것은 여전히 일정한 작용을 하는데, 예를 들면 아래와 같다.

(20) a. 這頓飯使大家撑死了。
　　　이 밥이 모두를 배터지게 했다.

---

36) 劉子瑜(2002), 吳福祥(2003), 蔣紹愚(2008) 모두 이 점에 동의하였다. 그러나 이들 세 사람 외의 다른 학자들은 把字句의 변천과정에서 致使 把字句를 크게 고려하지 않은 경향이 있다. 대부분의 학자들이 把字句의 변천과정에서 致使 把字句를 고려하지 않은 이유는 실제로 致使 把字句가 把字句 전체에서 차지하는 비중이 미미하기 때문이다.

b. 這頓飯把大家撐死了.

　　이 밥이 모두를 배터지게 했다.　　　(張豫峰 2006 : 152)

　위의 예문 (20a)의 使字句는 어떤 원인이 어떤 물체로 하여금 어떤 결과를 가져오게 함을 표시하는 것이므로, (20a)는 '大家撐死'의 致使 원인이 '這頓飯'에 있음을 강조한 것이다. 반면 (20b)는 '把'자 자체가 강렬한 영향력과 지배력을 가졌음을 함의하고 있으며 '大家撐死'를 강조한다.[37]

　이는 (20b)와 같은 致使 把字句에서 '把'자가 廣義處置 把字句 또는 狹義處置 把字句에 비해 그 '소유'의미가 상대적으로 허화되었을 뿐, 把字句에서는 여전히 일정한 의미 작용을 한다는 사실을 함의한다.

6.4. '把-NPV了'의 사건성

　把字句의 사건성과 관련하여 마지막으로 '把-NPV了'에 대하여 살펴보도록 하겠다. 일반적으로 把字句에서는 결과보어 또는 이에 상응하는 요소가 있어야 하지만, 이와 같은 문형에서는 그것들을 찾아볼 수가 없다. 게다가 같은 문형이라 할지라도 "把書賣了."는 성립이 되지만, "*把書買了."는 성립이 되지 않는다. 본 절에서는 먼저 '把-NPV了'와 결과보어와의 관계를 살펴 본 후에 이러한 대

---

37) 張豫峰(2006 : 152-153) 참조.

조현상이 발생하는 원인에 관하여 규명해 보고자 한다.

먼저 '了'의 상황부터 살펴보기로 하자.

(21) a. *他把書買了。   b. 他把書賣了。

                                  그는 책을 팔았다.

(22) a. *他把年曆貼了。   b. 他把年曆揭了。

                                  그는 달력을 떼었다.

(23) a. *他把帽子戴了。   b. 他把帽子摘了。

                                  그는 모자를 벗었다.

위의 예문들을 자세히 살펴보면 a류는 [+부착, +획득]동사이며, b류는 [+제거]동사임을 알 수 있다. 馬希文(1982), 木村英樹(1983), 沈家煊(1998) 등과 같은 많은 학자들이 b류의 '了'는 '掉'에 상당하며, 이들은 a류와는 달리 결과보어 성질이 내포되어 있음을 주장하였는데, 이것이 바로 결과보어성, 즉 動相보어 '了'(이하 '了r'로 칭함)이다.

木村英樹(1983)에 따르면 이와 같은 '了r'은 상표지 '了₁'·'了₂'(이하 '了p'로 지칭)와 분포상의 차이가 존재하는데, 이를 살펴보면 아래와 같다.[38]

첫째, '了p'와 달리 '了r'은 '的'자 구문에 출현할 수 있다.

---

38) 馬希文(1982/2003 : 455)은 '了r'은 [liao]를 경성으로 읽는 [lou]로 발음되는데, 이렇게 介音 [i]가 [lou]로 변하는 것은 북경어에서 흔히 발견되는 현상이라고 하였다.

(24) a. *我把他穿了p的皮鞋擦了一擦。

    b. 我把他脫了r的皮鞋往牀上一放。

       나는 그가 벗어놓은 신발을 침대위에 두었다.

둘째, '了p'와 달리 '了r'은 '沒'와 공기할 수 있다.

(25) a. *他們沒盖了p房子。

    b. 他們沒拆了r房子。

       그들은 방을 헐지 않았다.

셋째, '了p'와 달리 '了r'은 명령문에 사용할 수 있다.

(26) a. *穿了p大衣!

    b. 脫了r大衣!

       외투를 벗어라!

부언하자면 Sybesma(1999 : 74)는 '了r'은 '了p'와는 달리 양상 (modal) 맥락에 쓰일 수 있다고 하였다.

(27) a. *張三想看了p這本書。

    b. 王五想賣了r他的那幾頭豬。

       王五는 돼지 몇 마리를 팔고 싶어 한다.

완수 동사인 경우에는 일반적으로 把字句에서 결과보어를 취해 야 하는데, 그렇지 않으면 비문이 된다. 그럼에도 불구하고 '吃'류의 동사들은 결과보어 없이 사용되었는데도 정문이 된다.

> (28) a. *他們把房子造了。
>
>　　　 b. 他們把房子造好了。
>
>　　　　그들은 방을 다 만들었다.
>
>　　　 c. 他把飯吃了。
>
>　　　　그는 밥을 다 먹었다.

　　Yang(1995)은 완수동사를 크게 '생산류(productive)'와 '제거류(destructive)'로 구분하였는데, 생산류 동사와 함께 쓰이는 빈어는 생산과정이 완성될 때까지 명확한 존재를 가질 수 없으므로, 결과보어를 부가하여 의미가 돌출될 때까지는 완성의 해석을 얻기가 힘들다.

　　그러나 제거류 동사들은 이미 명확한 존재를 가졌으므로 把字句에 결과보어가 없이 쓰여도 완성의 해석을 쉽게 얻을 수 있다. 결국 "他把大衣脫了。"라는 문장은 아래와 같은 도식으로 나타낼 수 있다.[39]

> (29)　　NP1 ＋ 把 ＋　NP2　　＋ VR　　＋了p
>
>　　　　他　　把　　大衣　　脫了r　　了p
>
>　　　　　　　　　　　　　└─┘
>
>　　　　　　　　　　　　동보구조

---

39) 王惠(1997 : 228)의 도식을 약간 수정하였다.

이로써 우리는 '제거류'의 동사와 공기하는 '了'가 결과보어 성질을 지녔음을 분명히 알 수 있게 되었는데, 특히 把字句('把-NPV了')에서 이 사실은 더욱 분명해진다.

우리는 지금까지 '了r'과 '了p'의 차이점을 살펴보았는데, 필자는 여기에서 그렇다면 과연 '把-NPV了'에서 '了'의 이러한 성질은 역사적인 근거가 있는 것인가라는 의문을 갖게 되었다. 이에 관하여 楊永龍(2003)은 ≪朱子語類≫의 '了'가 [완성의미 동사 > 動相보어 > 완료 표지 > 기시상 표지 > 어기사]순의 문법화 과정을 거쳤으며, 특히 動相보어 성질을 지닌 '了'는 'V+了+O'와 'V+了' 형식에 쓰인다고 하였는데, 흥미로운 점은 우리가 앞에서 관찰했던 현상이 ≪朱子語類≫에서도 그대로 발견된다는 사실이다. 즉 楊永龍(2003)의 조사에 따르면 ≪朱子語類≫에 출현한 800여개의 'V了O' 구문에서 약 75% 정도가 '拆', '吃', '割', '關', '壞', '殺', '傷', '失', '死', '忘', '瞎', '走' 등의 제거류 동사들이다.

(30) 切須去了外慕之心!
외물에 이끌리는 마음을 철저히 제거해라!

(31) 若識得些路頭, 須是莫斷了。
만일 들어가는 길을 조금 깨달았다면, 절대로 중단하지 않아야 한다.

위의 예문 (30)은 'V了O'구문이며, (31)은 'V了'구문이다. 만일 생산류 동사와 제거류 동사가 함께 쓰인다면, 통상적으로 전자 뒤에는 '得'가 오며 후자 뒤에는 '了'가 온다.[40]

(32) 扶得東邊，倒了西邊; 知得這裏，忘了那裏。
　　동쪽에서 일으키면 서쪽으로 넘어졌다. 여기를 알게 되면 저기를 잊어버렸다.

비록 ≪朱子語類≫에 출현하는 제거류 동사들은 'V了' 형식보다는 'V了O'에 더 많이 쓰였지만, 이와 같은 사실에 근거해 볼 때, 제거류 동사와 動相보어 '了'와의 연관성은 역사적으로 그 내원이 깊음을 알 수 있다.

6.5. '把-NPV了'와 끝점

앞 장에서는 '把-NPV了' 구문을 중심으로 把字句의 상적 자질을 논의하였다. 이 구문에 주목한 이유는 이 구문에는 把字句에서 일반적으로 찾을 수 있는 결과 성분이 없으며, '了'만이 동사 뒤에 온다는 점에서 특이하다고 할 수 있기 때문이다.

비록 기존 연구들이 "把書賣了。"와 "他把帽子脫了。"가 성립하고 "*把書買了。"와 "*他把帽子戴了。"가 비문이 되는 이유를 설명하였

---

40) 물론 ≪朱子語類≫의 動相보어 '了' 앞에 쓰이는 동사는 加減과 상관없는 중성 동사가 쓰일 수도 있었다. 楊永龍(2003)은 생산류 동사를 '加類' 동사라고 불렀으며, 제거류 동사를 '減類' 동사라고 불렀다.

지만, "*把書賣了, 可是沒賣完。"과 "*把他一件事忘了, 可是沒忘掉。"
가 비문이 되고 "把他殺了, 可是沒殺死。"가 성립이 되는 이유를 설
명할 수는 없었다. 이에 본장에서는 척도성(scalarity)의 관점에서
이 문제를 다루고자 한다.

상 이론에서 사건의 제한성(delimetedness)이나 종결성(telicity)을
검증하기 위한 대표적인 방법 중의 하나는 바로 'in/for' 시험이다.
만약 사건이 제한되었다면 'in 부사구'와 공기할 수 있으며, 제한되
지 않았다면 'in 부사구'가 아닌 'for 부사구'와 공기하게 된다.

> (33) a. Chuck eat an apple *for an hour.
>
> in an hour.
>
> b. Chuck eat apples for an hour.
>
> *in an hour.
>
> (Tenny 1994 : 24)

> (34) a. 我在一個小時之內寫了一封信。　　(Yang 2011 : 388)
>
> 나는 한 시간 안에 편지 한통을 썼다.
>
> b. *我在一個小時之內寫了信。

만약 把字句가 제한된 사건을 나타내는 것이 사실이라면, '把
-NPV了' 역시 이러한 'in 부사구(在時間詞內)' 시험을 통과해야 하
는데, 실제로도 그러하다.

> (35) a. 他在三天之內把書賣了。

그는 3일 안에 책을 팔았다.

b. 他在十分鐘之內把飯吃了。

그는 10분 안에 밥을 먹었다.

c. 他在五分鐘之內把他殺了。

그는 5분 안에 그를 죽였다.

그러나 문제는 '把-NPV了' 뒤에 결과요소를 검증하는 부가절 '可是沒V~'가 첨가된다면, 이러한 설명은 난관에 부딪히게 된다.

(36) *他把書賣了, 可是沒賣到。

(37) *他把那個蘋果吃了, 但沒吃完。　　　　　(Tian 2006 : 2)

(38) a. 李四把張三殺了, 可是沒殺死。　　　(Chief 2007 : 60)

　　　李四는 張三을 죽이려고 했으나 죽이지 못했다.

　　b. *李四把張三殺死了, 可是沒殺死。

비록 把字句의 상적 성질에 대한 기존 연구들에서는 이미 把字句가 제한된 사건을 나타내며, '把-NPV了'의 경우 동사 자체에 결과 요소가 함의되거나 動相보어 '了'가 결과를 암시한다는 사실을 밝혔다. 그러나 기존 연구들은 어떤 '把-NPV了'는 왜 '可是沒V~'와 같은 부가어 시험을 통과하는 반면, 또 다른 '把-NPV了'는 왜 그러한 부가어 시험을 통과하지 못하는지에 대해서는 언급한 바가 없다.

더욱이 위에서처럼 부가어 시험을 통과하지 못하더라도 그 이유는 다를 수 있는데, 이는 아래의 예를 통해서 알 수 있다.

(39) *他賣了一張票, 可是沒賣到。　　　　(Chief 2007 : 60)

(40) 他吃了一個蛋糕, 可是沒吃完。　　(Soh & Kuo 2005 : 204)

'賣'는 把字句와 SVO句에 상관없이 모두 부가어 시험을 통과하지 못한 반면, '吃'는 把字句와 달리 SVO句에서는 부가어 시험을 통과할 가능성이 존재한다.[41]

이러한 사실들은 '把-NPV了' 구문에서 동사의 자질과 끝점에 대하여 재고할 필요성을 제기하는데, 이에 관하여 이제 본격적으로 살펴보도록 하자.

앞에서 살펴 본 바와 같이 '把-NPV了'가 제한된 사건을 나타낸다는 것은 사실이지만, 정작 결과 성분을 검증하는 부가어 '可是沒V~'를 첨가했을 때의 반응은 각각 달랐다. 이는 '把-NPV了'의 구문뿐만 아니라 제거 동사의 자질 간에도 차이가 존재함을 암시한다.

---

41) 사실 위의 예문 (40)과 같은 문장의 적법성에 대해서는 학자들마다 견해가 다르다. Soh & Kuo(2005)와 같은 학자는 정문으로 보는 반면, Sybesma(1999), Xiao & McEnery(2004)는 비문으로 본다. 5장 <표 5-4> 참고 바람. 이러한 논쟁은 중국어의 종결 사건이 완성을 완전히 보장하지 않기 때문에 생기는 현상이다. 이는 더 나아가 같은 動相보어라 할지라도 '了₃'가 여전히 '完'이나 '好'와는 미묘한 차이가 있음을 암시한다.

따라서 본장에서는 '把-NPV了' 구문에서 이러한 현상이 생기게 된 원인과 더 나아가 把字句의 상적 성질 및 이와 관련된 여러 요소들의 성질을 재고해보고자 한다.

본장에서 살펴 볼 '把-NPV了' 구문은 크게 네 가지 유형으로 나눌 수 있는데 다음과 같다.

> (41) a. 유형1 : 把-NP賣了
> b. 유형2 : 把-NP吃了
> c. 유형3 : 把-NP殺了
> d. 유형4 : 把-NP丟了

이 네 가지 유형의 '把-NPV了'에 쓰이는 동사들은 공통적으로 [+제거·소실]의 의미자질을 가지고 있다는 사실에 유념하면서 먼저 첫 번째 유형인 '把-NP賣了'부터 살펴보도록 하자. 이미 앞에서 살펴본 바와 같이 '把-NP賣了' 뒤에는 부가절 '可是沒賣完'이나 '可是沒賣光'이 올 수 없다. 이러한 현상이 발생하게 된 원인을 규명하기 위해서는 먼저 동사의 상적 자질부터 살펴볼 필요가 있다.

기본적으로 '賣'는 전통적으로 활동(activity) 동사로 분류되어왔는데(龔千炎 1995), 왜냐하면 그것은 [+지속], [+역동], [-종결] 자질을 지니므로 진행형으로 쓰일 수 있는 반면, 자연 끝점(natural endpoint)을 지니지 않은 것으로 간주되어 왔기 때문이다.

(42) 有一個婦人正在賣菜。(CCL 코퍼스)
어떤 부인이 채소를 팔고 있다.

한편 Chief(2007 : 79)와 Koenig & Chief(2008 : 253)는 '賣', '借', '租'와 같은 동사들에는 정도(degree)의 문제가 존재하지 않는다고 보았기 때문에, 이러한 동사들을 비등급(non-gradable) 동사로 분류 하였다.[42]

다시 말해 이러한 비등급 동사는 중간 전이 과정이 없으며, 단 지 0 → 1로 또는 1 → 0으로의 이분지 변화(binary change)만이 발생 할 뿐이다. 결국 '賣'는 이분지 변화만을 겪는 비등급류 동사이므 로 '把-NP賣了' 뒤에는 당연히 부가어 '可是沒賣完'이 올 수 없다.

비등급 동사가 중간 전이 과정 없이 이분지 변화를 겪는다는 사실은 사건의 기점(initial point)과 끝점(endpoint)이 겹치는 성취 (achievement) 동사와 유사한 것처럼 보이지만, 이들 간에는 일정한 차이가 존재하는데, 즉 성취 동사가 진행형을 취할 수 없는 반면, 이러한 비등급 동사는 앞에서 이미 살펴본 바와 같이 진행형을 취할 수 있다(Chief 2007 : 92).

(43) *玻璃杯在碎。

---

42) Chief(2007 : 79)와 Koenig & Chief(2008 : 253)는 상태의 변화와 관련된 동사들을 등급(gradable)류와 비등급(non-gradable)류로 나누었으며, 등급류를 다시 증분류 (incremental)와 비-증분류(non-incremental)로 구분하였다. 등급류와 비등급류에 대 해서는 뒤에서 다시 다룰 것이다.

(44) *窗字在破。　　　　　　　　　　　　(Chief 2007 : 92)

그렇다면 이분지 변화를 겪으면서 진행형이 공기할 수도 있다
는 사실은 과연 무엇을 의미하는 것일까? 본서에서는 이러한 현상
을 把字句와 관련시켜 논의하고자 한다.

먼저 朱德熙(1979/2000 : 153)는 동사 '賣'에 관하여 흥미로운 기
술을 하였는데, 그는 동사 '賣'는 '급여(給與)' 의미를 포함하며, 다
음과 같은 구문 유형으로 나타날 수 있다고 하였다.

(45) 賣給他一本書。　→ 賣了一本書給他。
　　　　　　　　　　╲ 賣了他一本書。
　　　　　　　　　　　그에게 책 한 권을 팔았다.

위에서 볼 수 있듯이 예문 (45)의 문장들에서 급여 사건 '賣一本
書'의 끝점은 결국 구매자 또는 수령자인 '他'가 된다. 다시 말해
'賣'라는 동사가 급여를 나타낸다면, 그 동사 자체에는 수령자 또
는 목적지라는 끝점이 포함된다고 할 수 있다. 이에 근거하여 우
리는 '把-NP賣了'를 다음과 같이 전환할 수 있다.

(46) 把書賣了。　→　　把書賣給他。
　　그는 책을 팔았다.　그는 책을 그에게 팔았다.

비등급 동사 '賣'가 동사 자체에 '급여' 의미를 내포한다는 점

은 이 동사가 판매자, 상품, 수령자라는 세 개의 참여자를 요구하
며, 이러한 수령자는 把字句에서 '把-NP賣給他'에서처럼 '給-NP'
에 의해 명시적으로 드러날 수도 있고, '把-NP賣了'에서처럼 암
시될 수도 있는데, 이 때에는 판매자와 상품이 언급될 뿐, 수령자
는 일종의 배경으로 이해할 수 있다.

요컨대 '賣'는 구문에 따라 3개의 참여자가 모두 나타날 수도
있고(賣₁), 2개의 참여자만이 나타날 수도 있는데(賣₂), 판매자와 상
품의 관계는 의무적인 관계인 반면, 수령자는 수의적인데, 이러한
관계는 아래와 같이 나타낼 수 있다.

(47) a. 賣₁ : [판매자 상품 **수령자(구매자)**]
     b. 賣₂ : [판매자 상품 수령자(구매자)]

결국 우리는 동사의 비등급성과 사건의 끝점이 다르다는 사실
을 유념할 필요가 있다. 다시 말해 만약 "把書賣光了。"라고 말한
다면, 이 사건의 끝점은 '光'이지만, 여전히 '書'의 도착지라고 할
수 있는 수령자는 배경으로 남아있다.

즉, 책을 다 팔았다는 사실은 그 책이 결국 다른 사람에게로 소
유권이 넘어가 다른 사람의 수중에 있음을 암시한다. 따라서 '賣'
가 급여 의미를 나타낸다는 것은 이러한 의미까지 내포한다고 볼
수 있으며, 이러한 관계는 아래와 같은 그림으로 나타낼 수 있다.

〈그림 6-11〉 "把書賣光了。"의 간단한 사건도식

光
수령자
I
F1
F2

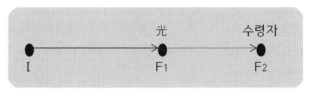

위의 <그림 6-11>에서 'I'는 기점이며 'F_1'은 '光'에 의해 나타나는 1차 끝점이며, 'F_2'는 급여 의미에 의해 나타나는 수령자인 2차 끝점이다.[43)]

결국 동사 '賣'는 구문에 따라 2價와 3價를 겸하는 兼價 동사로 볼 수 있다. 이에 동사 '賣'와 구문간의 관계는 아래와 같은 그림으로 정리할 수 있다.

〈그림 6-12〉 동사 '賣'와 관련 구문도식

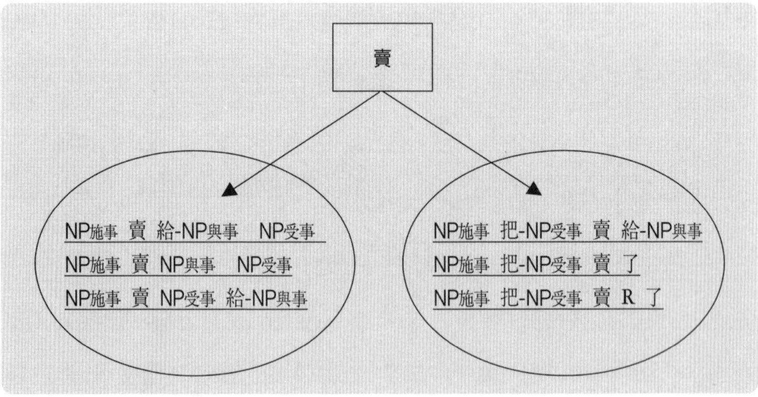

賣
NP施事 賣 給-NP與事 NP受事
NP施事 賣 NP與事 NP受事
NP施事 賣 NP受事 給-NP與事
NP施事 把-NP受事 賣 給-NP與事
NP施事 把-NP受事 賣 了
NP施事 把-NP受事 賣 R 了

43) Chief(2007)와 Koenig & Chief(2008)가 비등급 동사로 분류한 '借', '租' 역시 '급여' 의미를 내포하지만, '賣'와는 달리 '把-NPV了' 구문을 발견하기가 어려운데, 이는 '借', '租'가 '賣'와는 달리 '제거·소실'의미가 불분명하기 때문이다.

특히 이러한 3개의 참여자가 쓰인 경우가 바로 把字句의 원형인 甲류에 대응되며, 2價일 때에 乙류에 대응된다는 점은 매우 흥미롭다.[44)]

甲류는 크게 급여(給與)류와 방치(放置)류로 구분할 수 있는데, 방치류의 대표적인 동사가 바로 '放'이다.

> (48) 他把書放在桌子上。
> 　　　그는 책을 책상 위에 두었다.

'放' 역시 '把-NPV了' 구문으로의 전환이 가능하다.

> (49) 他把犯人放了。 (CCL 코퍼스)
> 　　　그는 범인을 풀어주었다.

'放' 역시 '賣'와 같이 구문에 따라 3개의 참여자가 나타날 수도 있고(放₁), 2개의 참여자만이 나타날 수도 있다(放₂). 즉 (48)에서는 '어디에 두다'라는 의미로 쓰였으며, (49)에서는 '풀어주다, 놓아주다'라는 의미로 쓰였다.

> (50) a. 放₁ : [施事 無生개체 장소]
> 　　　b. 放₂ : [施事 有生개체 장소]

---

44) Fillmore의 틀 이론에 따르면 'buy'는 구매자와 상품이라는 두 개의 참여자를 요구한다는 점에서 二價적인데 반해, 'pay'는 구매자, 판매자, 상품이라는 세 개의 참여자를 요구한다는 점에서 三價적이라고 하였다(Evans & Green 2006/2008 : 241).

비록 '把-NP放了' 구문에서 장소 논항이 사라졌지만, 이 구문은 결국 把-NP인 有生 개체가 施事인 주어의 영향권에서 벗어나 어떤 장소로 이동했음을 나타낸다. 이와 같이 '把-NP賣了'와 '把-NP放了'는 甲類와 긴밀한 관계가 있음을 알 수 있다.

다음으로 '把-NP吃了'와 '把-NP殺了'를 살펴보도록 하자. 동사 '殺'와 '吃'는 전통적으로 완수(accomplishment) 동사로 분류되는데 (鄧守信 1985, 龔千炎 1995), 楊素英(2000 : 95)은 이를 '결과지향 동사(有結果指向詞)'라고 불렀다.[45]

반면 Chief(2007)와 Koenig & Chief(2008)는 기존의 완수 유형을 두 가지 유형으로 구분하였는데, 이는 비록 '吃'와 '殺'가 등급적인 완수 동사이기는 하지만, 동사와 빈어간의 관계에 관해서는 차이가 존재하기 때문이다. 이를 살펴보면 다음과 같다.

첫 번째는 증분류(incremental)로 이러한 유형은 일반적으로 한 사건의 부분과 그 사건에 종속된 빈어의 부분 사이에 발생하는 의존적인 관계[46]가 성립되는 부류로 '吃', '寫', '盖' 등이 이에 속한다. 예를 들면 사과를 먹는 사건은 사과의 양에 따라 진행되는데, 사과를 먹기 시작했을 때에는 사과의 양이 많이 남았지만, 사과를 다 먹었을 때에는 사과가 하나도 남지 않게 된다.

---

45) 주의해야 할 점은 Yang(1995)은 원래 '殺'를 성취 동사로 구분하였으나 이후(2000)에는 다시 완수 동사로 구분하였다는 사실이다.
46) 빈어와 사건간의 이러한 의존적인 대응 관계를 '준동형(homomorphism)' 관계라고 부른다.

두 번째는 비-증분류(non-incremental)로 이러한 유형은 증분류와 달리 빈어와 사건 사이에 대응 관계가 존재하지 않으며, 변화의 정도가 사건의 진행에 직접적으로 대응되지 않는다. 즉 '殺了一個 鷄' 사건에서 닭을 죽이는데 좀 더 많은 시간을 쓴다고 닭이 더 죽어가는 것은 아니다(Koenig & Chief 2008 : 254).

Chief(2007)와 Koenig & Chief(2008)는 이러한 비증분류 동사는 모두 '可是沒V~' 부가어 시험을 통과한다고 보았다.

> (51) 許梅和孫麻子把老羅殺了, 沒殺死。(Koenig & Chief 2008 : 242)
>   許梅와 孫麻子는 老羅을 죽이려고 했으나, 그를 죽이지는
>   못했다.

> (52) 押沙龍將王的衆子都殺了, 沒有留下一個。(CCL 코퍼스)
>   押沙龍은 왕의 부하들을 한 명도 남김없이 죽였다.

그러나 같은 완수동사라고 할지라도 把字句 안에서는 다른 양상을 나타낸다. 즉 우리는 (51)과 같이 '把-NP殺了, 可是沒殺死'의 把字句는 찾을 수 있지만, '把-NP吃了, 可是沒吃完'과 같은 把字句 는 거의 찾을 수 없었다.[47) 그렇다면 왜 SVO句일 때에는 동일하 게 미완성 효과(incomplete effect)를 보이는데, 把字句에서는 이와 같 이 다른 양상을 보이는 것인가?

---

47) 실제로 필자는 이러한 예를 한 개도 찾을 수 없었다.

필자는 이러한 현상이 넓게는 把字句라는 구문의 작용 때문이며, 좁게는 把-NP의 有生性(animacy)과 깊은 관련이 있다고 본다. 다시 말해 '把-NP吃了'의 경우 동사 '吃'의 대상은 반드시 생명이 없는 無生(inanimate) 개체로서 주어의 작용에 저항할 수 있는 힘이 없다. 따라서 주어인 施事가 빈어인 受事(patient)를 그만큼 통제하기가 쉽다. 따라서 把字句에서 '把'의 작용과 동사의 작용, 動相보어 '了'와의 결합으로 '把-NP吃了' 구문은 자연스럽게 완성된 사건을 나타낸다.

그러나 '把-NP殺了'의 경우 동사 '殺'의 의미로 인해 把-NP, 즉 受事는 반드시 생명이 있는 개체, 즉 有生(animate entity)이어야만 한다. 생명이 있는 개체는 설령 把字句에 쓰였다하더라도 把字句의 주어(施事)에 대하여 저항할 수 있는 가능성이 존재하므로, 주어의 통제성은 '把-NP吃了' 구문보다 자연히 떨어지게 된다.[48]

주어가 빈어를 통제하기가 어렵다는 것은 그 만큼 사건이 완성될 가능성이 떨어진다는 것을 의미하므로, 아무리 把字句라고 할지라도 명확한 끝점을 나타내는 결과보어 없이는 把-NP(受事)의 생명을 완전히 끊었다고 단언할 수는 없다. (51)에서처럼 다만 그럴 것이라고 암시할 뿐이다. 이에 근거하여 '把-NP殺了'의 도식

---

48) 물론 생명이 있는 개체가 무조건 주어의 힘에 저항하는 것만은 아니다. 그러나 생명이 있는 개체에 있어서 제일 중요한 목숨을 뺏는 행위에 저항이 예상되는 것은 당연하다. 만약 '把犯人放了'라고 말한다면 빈어인 '犯人'은 주어의 힘에 저항하지 않고 순응하게 된다.

은 아래와 같이 나타낼 수 있다.

〈그림 6-13〉 '把–NP殺了'의 도식

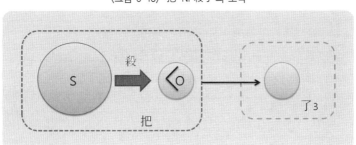

S는 주어이고, O는 빈어이며, '把'자는 주어의 통제영역을 나타
낸다. 動相보어 '了' 역시 점선부분으로 처리하였으며, O안의 '<'
는 주어의 행위에 대한 저항력을 의미한다.[49]

　마지막으로 '把–NP丟了'를 살펴보도록 하자. '丟'는 전통적으로
성취(achievement) 동사로서 분류되어 왔다(鄧守信 1985, 龔千炎 1995).
기존 연구들은 성취 동사의 순간성(puctuality)에 중점을 둔 반면,
楊素英(1995/1998)과 Xiao & McEnery(2004)는 [결과(result)] 자질에
중점을 두었다.

　　(53) *他把鑰匙丟了，可是沒丟掉。

---

49) 다시 말해 '把–NP吃了'라는 사건의 완성여부는 전적으로 주어에 달려있는 반면,
　'把–NP殺了'의 완성 여부는 완전히 주어에 달려있지 않다는 것이다. 비록 유생성
　(animacy)을 把字句의 상적 자질과 관련시켜 논의하는 점은 여전히 불충분해 보일
　수 있지만, 把字句의 상적 자질에 관한 기존 연구에서는 유생성을 과소평가하거나
　간과해온 경향이 있어왔다.

비록 방식은 다르지만 동사 자체에 결과요소, 즉 끝점을 포함한다는 점에서 '賣'류와 일맥상통하지만, 이러한 성취류 동사는 순간적으로 발생하므로, 진행형과 공기할 수는 없다.

또한 '賣'류가 구문에 따라 價변화(3價와 2價)를 겪는 반면, 이러한 성취 동사류는 그렇게 명확한 변화를 겪지는 않는다. 다만 이러한 '把-NP丟了'의 타동성은 다른 把字句에 비해 떨어지는데, 이는 이러한 동사들이 自主 동사가 아니라 非自主 동사이기 때문이다.

요컨대 비등급(non-gradability) 자질과 결과(result) 자질은 동일한 것이 아니다. 비등급 자질은 중간 과정이 없는 이분지적인 변화를 나타내며, 이러한 끝점은 앞에서 언급한 바와 같이 명시적일 수도 있고 암시적일 수도 있다. 그러나 결과 자질은 바로 끝점 자체를 나타내는 것으로 성취 동사와 같이 동사 자체에 함의될 수도 있고, 결과보어('打死')에 의해 나타날 수도 있다.

비록 Chief(2007)와 Koenig & Chief(2008)가 '殺'와 '丟'류를 모두 '비증분 등급 동사(non-incremental gradable verb)'류로 분류하였지만, '把-NP殺了'와 '把-NP丟了'의 '可是沒V~' 부가어 시험의 결과가 보여주듯이 우리는 여전히 이러한 동사들을 구분해야 할 필요성이 있음을 알 수 있다.50) 또한 '把-NPV了' 구문에서 動相보어

---

50) 한편 '丟'류 동사는 "把悲痛丟得越遠越好。"와 같이 정태적인 得字句에 출현할 수 있으므로 여전히 일종의 등급 동사로 볼 수 있다. 사실 필자는 비등급류와 등급류 동사를 구분하는데 있어서 정태적인 得字句를 판단 기준으로 삼는 Chief(2007)의 주장에는 완전히 동의하지는 않는다. 왜냐하면 Chief(2007)의 동사 분류는 '殺'와 같은 비증분 완수동사와 성취 동사를 같은 유형으로 보았기 때문이다. 비록 Chief(2007)

'了'가 끝점을 암시하여 把字句의 성립을 도와주지만, 그러한 끝점
은 함축일 뿐 함의가 아니다.

끝점에 대한 함의는 '了'에 의해서가 아니라 동사의 비등급 자
질이나 동사의 결과 자질에 의해 나타난다. 이러한 사실들은 비록
완수 동사와 성취 동사들이 결과를 지향하거나 또는 포함하지만,
이는 이때의 動相보어 '了'의 끝점이 결과보어만큼 견고하지 않음
을 의미한다. 그러나 '賣', '租'와 같은 동사는 動相보어가 불완전
한 끝점이라는 사실에도 불구하고 동사 자체의 비등급성으로 인
하여 완성을 나타낸다.

〈그림 6-14〉 '把-NPV了'에 쓰이는 제거 동사와 動相보어 '了'의 관계

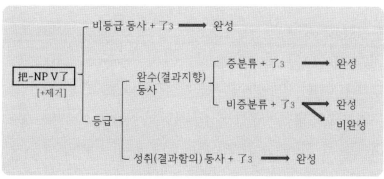

완수 동사와 성취 동사가 쓰인 '把-NPV了'에 대한 논쟁은 적
어도 우리에게 한 가지 사실을 시사한다. 이러한 문제는 단순히

가 등급 자질을 동사 분류에 도입한 점은 의의가 크지만, Chief(2007)의 동사 분류에
는 몇몇 문제점들이 존재하며, 이에 관해서는 향후 좀 더 심도 있는 연구가 필요하다.

動相보어의 문제(木村英樹 1983, 邵敬敏 1985)나 빈어의 완전성/비완전성(Soh & Kuo 2005)이 아니라 우리가 기존에 주목하지 않았던 '등급(grade)'과 같은 새로운 자질의 문제일 수 있으며, 이는 동사 부류를 새로 구분할 필요가 있음을 제기한다.

그럼에도 불구하고 실제로는 '把-NPV了, 可是沒V~'구문은 상당히 접하기가 힘들다. 이는 把字句가 제한된 사건이라는 고정 관념이 화자들에게 만연됨에 따라, '把-NPV了' 구문을 완성을 함의하는 용법으로 자주 사용함에 따라 그렇게 고착화된 결과라고 여겨진다. 그럼에도 불구하고 우리는 여전히 동사의 등급/비등급 자질의 차이점을 고려해야만 한다.

기존의 연구들(木村英樹 1983, 呂叔湘 1948, 邵敬敏 1985)은 '忘, 吃, 拆, 殺, 放, 滅, 賣……'와 같은 동사들은 '제거'라는 공통의미를 가지며, 이러한 '了'를 소위 動相보어(phase complement)라고 불렀다. 그러나 이러한 설명에도 불구하고 왜 '把-NP賣了' 뒤에는 부가절 '可是沒完'이 오면 비문이 되고, 다른 '把-NPV了' 구문에는 부가절이 올 수 있는지를 설명할 수는 없다. 즉 만약 動相보어 '了'가 완정한 끝점을 나타내므로 이러한 부가절이 올 수 없다고 말한다면, 왜 "李四把張三殺了，可是沒殺死。"는 성립이 되는지를 설명할 수가 없게 된다.

〈표 6-2〉 '把-NPV了'의 부가어 시험

'把-NPV了'	在T內(T : 시간사)	可是沒V~
'把-NP賣了'	O	X
'把-NP吃了'	O	X
'把-NP殺了'	O	O
'把-NP丟了'	X	X

위의 〈표 6-2〉에서 알 수 있듯이 '在T內'는 대부분의 '把-NPV 了'와 양립할 수 있다. 다만 '把-NP忘了'가 '在T內'와 양립할 수 없다는 점은 동사 자체의 비자주성에 기인한 것이다. 그러나 '可是沒V~'와 '把-NPV了'의 양립성은 '在T內'와는 대조적이다.

결국 把字句의 상적 자질은 단순히 동사의 자질로만 결정되지는 않는다. 설령 동사의 자질이 기존에 주목하지 않았던 (비)등급 자질이라 할지라도 여전히 把-NP의 유생성(有生性), 把-NP의 이동방향, 動相보어 '了', 이 모든 것을 종합하여 把字句라는 구문 층위에서 상적 의미를 다룰 필요가 있다.

또한 動相보어 '了' 자체는 '把-NPV了'에서는 없어서는 안되는 성분이지만, 다른 動相보어인 '完'이나 '好' 등과는 달리 완성이나 끝점을 명확하게 표시하지는 못하며 단지 함축만 할 뿐이다. '把-NPV了'의 완성의미는 動相보어 '了' 자체보다는 다른 자질들에 의해 좌우된다.

이는 '了'가 다른 動相보어와 차이가 있음을 암시하는데, 실제로 '了'는 '完'이나 '好'보다 더 문법화되어 '完'이나 '好'와는 달리

상 표지(aspect marker)와 담화 표지(discourse marker)로까지 발전하였
다. 이에 관해서는 향후 좀 더 연구가 필요하겠다.

❏ 좀 더 읽을거리

把字句의 상 구조를 전문적으로 다룬 논문으로는 Yong(1993)과
Liu(1997)가 있다. 또한 楊素英(1998)과 Yang(1995)의 견해를 비교하
면서 보는 것도 의의가 있다.

90년대 활발하게 연구가 진행되었던 把字句와 상과의 관계에 대
한 논문은 2000년 이후 매우 드문 실정이다. 이는 把字句에 대한 상
연구에 근본적인 한계가 있기 때문인데, 즉 把字句의 사건구조와 상
적 성질을 규명하는 것으로서는 把字句의 고유한 의미인 處置를 규
명하는 데 제한이 있으며, 왜 處置 把字句로부터 非處置 把字句가 출
현했는지에 대해서도 설명할 수 없기 때문이다. 그럼에도 불구하고
把字句의 상 구조에 대한 연구는 '了'·'着'·'過'의 動相보어 성질
규명 등 여러 연구에 영향을 미쳤다는 점에서 그 의의가 크다고 할
수 있다.

7장

중국어 상의 객관성과 주관성*

앞에서 언급했듯이 중국어의 상 개념은 다른 언어와 달리 교차적이므로 좀 더 복잡해 질 수 있는데, 이는 대표적인 외재상(outer aspect) 표지인 '了'·'着'·'過'가 부분적으로 내재상(inner aspect)의 합성 과정에 참여할 수 있기 때문이다. 이에 본장에서는 중국어 상에 대한 보다 심도 있는 이해를 위하여 중국어 상의 개념을 객관성과 주관성의 관점에서 살펴보고자 한다.

본서에서 언급되는 주관성(subjectivity)은 화자와 주어의 상대적인 관계를 의미하고, 주관화(subjectification)는 시간의 흐름에 따른 주관성 강화의 과정을 일컫는데, 본서에서는 주로 통시적인 각도에서 주관화를 다룰 것이다.[1] 그럼 먼저 내재상과 외재상의 관계부터 살펴보기로 하자.

---

* 이 장은 조경환(2010, 2012)을 수정·보완한 것이다.
1) 이에 관한 구체적인 논의는 조경환(2009a : 92-102)을 참조바람.

7.1. 내재상과 외재상의 객관성과 주관성

앞의 2장에서도 언급했듯이 Smith(1991) 이후 상(Aspect)은 크게 상황상(situation aspect)과 관점상(viewpoint aspect)으로 구분되는 경향이 있어왔다. 그러나 Smith(1991) 이전에 이미 상황상과 비슷한 개념이 존재했었는데, 이것이 바로 동작류(aktionsart)라는 것으로, 학자들에 따라 동작의 종류만을 나타내기도 하고, 또는 상황상과 동일한 의미로 사용되기도 한다.

설명의 편이를 위해 본장에서는 '동작류'나 '상황상'이라는 용어 대신에 '내재상(inner aspect)'이라는 용어를 사용할 것인데,2) 내재상은 말 그대로 동사와 논항 그리고 부사류 등에 의해 표현되는 한 상황 내부의 시간 구조를 의미한다.

반면 하나의 상황에 대한 화자의 특정 시점을 선택하는 '관점상'은 주로 동사의 굴절 형태소 등에 의해 표시된다. 일반적으로 중국어의 '관점상'은 크게 화자가 사건의 전체를 보는 것을 나타내는 '완료상(perfective)'인 '了', '過'와 화자가 사건의 일부를 보는 것을 나타내는 '미완료상(imperfective)'인 '着', '(正)在' 등으로 구분된다.

본장에서는 또한 '관점상'이라는 용어 대신에 '외재상(outer aspect)'이라는 용어를 사용할 것이다. 내재상과 외재상의 관계를

---

2) 필자가 아는 바로는 Verkuyl(1993 : 12)이 가장 먼저 '내재상(inner aspect)'과 '외재상 (outer aspect)'이라는 용어를 사용했다.

그림으로 나타내면 다음과 같다.

〈그림 7-1〉 내재상과 외재상

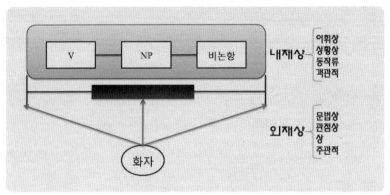

내재상은 화자의 시점과 상관없이 동사와 (기타) 논항과의 객관적인 관계에 의해 결정되므로 객관적이라고 할 수 있다.

외재상은 앞에서 언급했듯이 사건에 대한 화자의 시각을 나타내므로, 내재상보다 주관적이라고 할 수 있는데, 즉 내재상은 외재상보다 객관적이다.

(1)　　　내재상　　　　　<　　　　　외재상
　　　(동사, 논항, 비논항)　　　　(완료상, 미완료상)

이제 중국어의 대표적인 상표지라고 할 수 있는 '了'·'着'·'過'에 대하여 구체적으로 살펴보도록 하자.

7.2. '了'의 객관성과 주관성

같은 상 표지라 할지라도 '了₁'과 '了₂'간에는 미세하지만 주관성의 차이가 엄연히 존재한다. 일반적으로 '了₁'은 완료상(perfective) 표지, '了₂'는 완료(perfect) 표지라고 여겨지는데, 여기에서 우리는 직감적으로 '了₂'가 '了₁'보다는 좀 더 주관적임을 알 수 있다. 왜냐하면 비록 '了₁'과 '了₂' 둘 다 화자와 관련되지만, 화자가 단순히 밖에서 사건을 관망하는 '了₁'에 비해 '了₂'는 화자와 청자가 참여하는 대화의 문맥에 적극적으로 관련되어 있다고 가정하기 때문이다.

완료(perfect) 개념은 완료상(perfective)과 비슷한 면도 있지만 나름대로의 독특한 성질을 가지고 있는데, 이를 '여파(aftermath)'라고 일컫는 사람도 있다.[3]

'여파'란 연못에 돌을 던지면 돌이 가라앉고 남은 후의 물결과도 같다는 것인데, 이와 같이 완료도 상황의 종결 직후 남아있을 영향에 초점을 둔다는 것이다. 관찰자는 사건이 이미 완료된 후 일어나는 여파를 보기 때문에 결과를 보는 것이고, 이는 '앞섬(anteriority)', '현재관련성(current relevancy)'과 관련 있음을 의미하게 된다.

> (2) a. I have broken my leg.
>
>   b. I broke my leg.   (Langacker 1991/1999 : 227)

---

3) 김종도(2002 : 292) 참조.

위의 예 (2a)는 내가 여전히 다리를 못 쓰고 있음을 암시하는 반면, (2b)는 오래전에 회복된 어릴 적 상처를 가리킬 때 사용된다. 아래의 비슷한 예를 살펴보자.

(3) a. His nose has been broken seven times.

b. His nose was broken seven times.

(Langacker 1991/1999 : 227)

위의 예 (3)은 모두 똑같이 코가 부러진 사건이지만 아직 활동 중인 선수에 대해 말할 때는 (3a)를 사용하고, 이미 권투계를 은퇴한 선수에게는 (3b)를 사용한다.

이와 같이 완료는 현재와 관련된 상황을 알 수 있는데, 이러한 완료의 여파 개념을 이용하여 Li & Thompson(1981/1989 : 241)은 '了$_2$'의 기본적인 성질이 '현재와 관련된 상태(Currently Relevant State)'를 표시하는 것으로 구체적으로 아래와 같은 의미를 나타낸다고 보았다.[4]

〈표 7-1〉 Li & Thompson(1981)의 '了$_2$' 분석

'了$_2$'의 의미	예문	부가 의미
상태의 변화	他知道了那個消息了。 그는 이제 그 소식을 알았다.	그 전에는 알지 못했지만
잘못된 가정의 수정	我昨天做了一件坏事了。 나는 어제 나쁜 짓을 저질렀어.	제가 그러리라고는 생각하지 못했겠지만

4) Li & Thompson(1981/1989 : 241)은 '了$_2$'가 그 밖에도 '현재까지의 진전을 보고할 경우', '다음에 무슨 일이 일어나는지를 결정하는 경우', '진술의 종결을 나타내는 경우'에 쓰인다고 하였다.

'了₂'의 의미	예문	부가 의미
현재까지의 경과	唐詩三百首，我背出來了一半了。 ≪당시 삼백수≫를 나는 지금까지 반을 외웠어.	그 전에는 못 외웠지만
다음에 무슨 일이 일어날 것이가	我吃過木瓜了。 나는 파파야를 먹었다.	그러니 이제는 나에게 파파 야를 더 먹으라고 하지마라.
진술의 종결	結果我沒就搬回中國了。 결국 우리는 중국으로 이사해 돌 아갔다.	이야기를 '덮어싸는(wrapping up)' 기능을 함

여기에서 특히 주의해야 할 점은 '변화'라는 것이 객관적인 상
태의 변화일 수도 있지만, 화자의 인식상의 변화를 나타낼 수도
있다는 점이다. 예를 들면 "下雨了。"라는 말은 비가 내리기 시작
했을 때만이 아니라, 화자가 비가 내리고 있었다는 것을 막 알았
을 때에도 쓸 수 있다(Chao 1968/2004 : 800).

Chao(1968/2004), Li & Thompson(1981)을 비롯한 여러 학자들이
'了₂'의 기능을 다양하게 분류하였지만,[5) 결국은 '了₂'의 중심 의
미는 '완료'로서 그 중심 의미는 '상태의 변화'와 '잘못된 예상의
수정'으로 귀결할 수 있다. 만약 '변화' 개념으로 일반화한다면
'잘못된 예상의 수정'은 좀 더 일반적으로는 화자 인식상의 변화
라고 할 수 있다.

'了₁'과 '了₂'의 주관성의 차이는 아래의 예문 (4)에서 좀 더 분
명하게 알 수 있다.

---

5) 실제로 Chao(1968/2004 : 800)는 '了₂'의 기능을 8가지로 구분하였다.

(4) a. 我看了三本書。

나는 세 권의 책을 보았다.

b. 我看了三本書了。　　　(Li & Thompson 1981/1989 : 258)

(무슨 얘기야!) 나는 책을 세 권 읽었는데.

'了1'은 단순히 '내가 세 권의 책을 읽었다'는 사실을 전달하는 반면, '了2'는 예를 들면 어떤 사람이 내가 오후 내내 잠만 잤다고 꾸짖는 것에 대하여 청자의 가정이 틀렸음을 화자가 강하게 표현함을 표시한다.6)

(5) a. 爸爸, 我得了第一名!

아빠, 저 일등 했어요!

b 爸爸, 我得了第一名了!　　　(彭小川 2004/2007 : 237)

아빠, 저 일등 했어요!

(5a)는 아이가 단순히 1등을 했다는 사실을 전달하는 반면, (5b)는 1등을 했다는 새로운 상황의 출현과 청자인 아빠에게 알려줌과 동시에 '저와 한 약속 꼭 지켜야 해요' 또는 '보세요, 제가 결국 해냈죠.'라는 화자의 강한 의지를 내포한다.7)

한편 Chang(2003 : 111)은 중국어 대화를 분석하여 아래와 같은

---

6) Li & Thompson(1981/1989 : 258) 참조. 이은수(2003 : 12)는 '了1'과 '了2'의 공통점을 '상대적 선시성'으로 보았으며, 이에 대한 차이점으로 '了1'은 '상대적인 과거 시제'를 나타내는 반면, '了2'는 참조시간과 관련된 '완료'를 나타내므로, '了1'과 '了2' 사이에는 시간 범위의 차이가 존재한다고 보았다.

7) 彭小川(2004/2007 : 237) 참조.

형태들의 '了₂'는 비교적 높은 주관성을 지닌다고 하였으며, 특히
'了₂'는 접속사 '就'와 빈번하게 출현하는 경향이 있음을 제기하였다.

    (6) a. [我 + 인지 동사 (忘) + 了]
         我忘了!
      b. [절/VP + 就 + 어휘 항목(A · V) + 了]
         他過一陣子就好了啊!

  '了₁'과 '了₂'를 상대적 선시성(relative anteriority) 관점에서 분석
하더라도 양자간의 주관성 차이를 확인할 수 있다. 상대적 선시성
개념은 '了₁'은 '상대적인 과거 시제'를 나타내며, '了₂'는 '완료'를
나타내는 것으로, 중국어의 '了' 표지를 상뿐만 아니라 시제까지
고려한 개념으로 필자는 이것이 현재 중국어의 '了'표지에 관한
가장 완정한 설명이라고 여겨진다(Shi 1990, 이은수 2003).
  '了₁'과 '了₂'가 나타내는 상대적 과거는 아래와 같은 그림으로
나타낼 수 있다(이은수 2003 : 44).

<그림 7-2> 상대적 선시성 표지 '了'(이은수 2003 : 44)

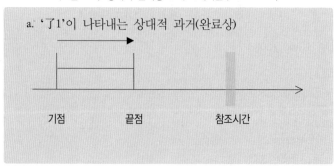

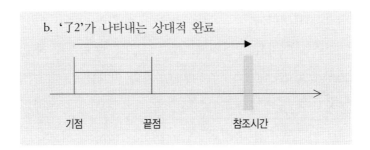

위의 그림에서 화살표는 시간 범위를 나타내는 것으로 '了₁'과 '了₂' 사이의 시간범위의 차이는 참조시간에 직접 영향을 미치는 가에 달려있다. 참조시간은 시간사나 선행절을 통해 주어지지 않는다면 일반적으로 발화 시간이 된다.

다음으로 또 다른 유형의 '了'를 살펴보도록 하자. Chao(1968/2004 : 801)가 아래와 같은 문장에 쓰인 '了'가 '과도한 정도(excessive degree)'를 나타낸다고 논의한 이래, 몇몇 학자들(金立鑫 2000, Chang 2003)이 이러한 '了'의 주관성에 주목하였다.

(7) 東西太貴了。   *東西很貴了。   (金立鑫 2000 : 215)
　　 물건이 너무 비싸군.

예문 (7)의 '了'는 상 의미보다는 물건의 가격이 화자의 예상을 초과했음을 나타내는데, 이러한 '了'는 주로 정도부사 '太'・'最'와 공기한다(金立鑫 2000 : 215).

金立鑫(2000 : 215)은 만일 위와 같은 문장에서 '了'를 제거한다면 화자가 표현하는 강조·과정의 요구가 없어진다고 보았다. 우리는 이러한 어기사 성질의 '了'를 '了₄'라고 부르기로 하겠다.

Chang(2003)은 '了₄'가 '了₂'보다 화자의 의도를 좀 더 반영한다는 점에서 보다 주관적이라고 하였다. 그가 제시한 통계에 따르면 '好+了₄'가 쓰인 절 유형의 75%(12/16)는 화자의 의도와 관련된 반면 '好+了₂'는 36%(3/22)만이 화자의 의도와 연결되며, 대부분 (59%, 13/22)은 묘사와 관련이 있다고 하였다.

마지막으로 動相보어 성질을 가진 '了'(이하 '了₃'라고 칭함)를 살펴볼 것인데, 이에 앞서 動相보어의 정의부터 살펴보도록 하겠다. Chao(1968/2004 : 461)는 '動相보어(Phase complement)'를 행위에서의 결과 또는 목표보다는 첫 번째 동사에서의 행위의 형세를 표시하는 보충어라고 하였다.

Li & Thompson(1981/1989 : 88) 역시 이와 비슷한 정의를 제시하였는데, 그들은 '動相보어'가 첫 번째 동사의 결과보다는 첫 번째 동사에 의해 묘사되는 동작의 유형이나 정도를 나타낸다고 언급하면서, '完'·'住'·'到'·'好' 등이 있다고 하였다.[8]

---

8) 여러 학자들의 動相보어에 대한 정의와 분류를 정리하면 다음과 같다.

학자	着₁	到	見	完	好	過₁	成	住
Chao(1968)	+	+	+			+		
Li & Thompson(1981)	+	+		+	+			+
Smith(1991)		+	+	+	+		+	
Yong(1997)	+	+	+	+	+			+
Xiao & McEnery(2004)				+	+	+		
陳前瑞(2009)	+	+	+	+	+	+		

Chang(2003), Li & Thompson(1981/1989) 등 대부분의 학자들은 '了₃'
를 언급하지 않았다. 이는 '了₃'의 존재가 불분명하거나 국부적이기
때문인데, '了₃'의 존재를 보다 명확하게 알기 위해서는 아래와 같이
결과요소를 필수적으로 포함하는 把字句로 살펴보는 것이 좋다.9)

    (8) a. *他把書買了。   b. 他把書賣了。
                                       그는 책을 팔았다.

    (9) a. *他把年曆貼了。   b. 他把年曆揭了。
                                       그는 달력을 떼었다.

    (10) a. *他把帽子戴了。   b. 他把帽子摘了。
                                       그는 모자를 벗었다.

위의 예문들을 자세히 살펴보면, a류는 [+부착, +획득] 동사이
며, b류는 [+제거] 동사임을 알 수 있다.10) 馬希文(1982), 木村英樹
(1983), 沈家煊(1998) 등과 같은 많은 학자들은 b류의 '了'는 '掉'에
상당하며, 이들은 a류와는 달리 動相보어 성질이 내포되어 있음을
주장하였는데, 이것이 바로 '了₃'이다.

木村英樹(1983)에 따르면 '了₃'는 '了₁'과 다음과 같은 분포상의 차
이가 존재하는데, 이를 표로 정리하면 아래와 같다.

---

9) 이에 관해서는 6.5장에서 이미 자세히 다루었다.
10) 呂叔湘(1948)・邵敬敏(1985) 등은 '忘', '吃', '放', '拆', '殺', '刪', '鉸', '滅', '賣'와
    같은 동사들은 '소실'이라는 공통의미를 가지며, '동사+了'는 '동사+掉'로 변환시
    킬 수 있다고 하였다.

〈표 7-2〉 '了₁'과 '了₃'의 비교

	了₁	了₃
'的'자	*我把他穿了₁的皮鞋擦了一擦。	我把他脫了₃的皮鞋往牀上一放。
'沒'	*他們沒盖了₁房子。	他們沒拆了₃房子。
명령문	*穿了₁大衣!	脫了₃大衣!

그렇다면 왜 '了₃'는 [제거] 자질이 있는 동사와 공기할 때에만 출현하는가? 이에 관하여 Yang(1995)은 다음과 같이 설명하였다. 제거류 동사들은 이미 명확한 존재를 가졌으므로 把字句에 결과보어가 없어도 쉽게 완성의 해석을 얻을 수 있는 반면, [부착, 획득] 동사와 함께 쓰이는 빈어는 생산과정이 완성될 때까지 명확한 존재를 가질 수 없으므로, 결과보어를 부가하여 의미가 돌출되기 전에는 완성의 해석을 얻기가 힘들다.

楊永龍(2003)의 조사에 따르면 ≪朱子語類≫의 800여개의 'V了O' 구문에서 제거류 동사들이 약 75%를 차지한다.

(11) 必須照管, 不要失了。≪朱子語類≫
반드시 잘 관리하고 잃어버리지 말도록 해라.

이로 볼 때 확실히 '제거류'의 동사와 공기하는 '了'가 動相보어 성질을 지녔음을 알 수 있으며, 특히 把字句('把-NP V了')에서 이 사실은 더욱 분명해진다.

木村英樹(1983 : 28)는 제거동사와 이러한 '了₃'와의 밀접한 관계는 바로 '了' 자체의 의미에 있다고 보았다. 즉 동사 '了'(liao)는

‘끝내다’, ‘완성하다’라는 의미를 포함하는데, 이러한 의미에는 ‘끝까지 소모하다’라는 제거 의미가 내포되어 있다는 것이다.

한편 Sybesma(1999)는 통사적인 관점에서 ‘了’를 분석하였다. 그는 ‘了r(＝了₃)’을 ‘끝점 了(endpoint le : 終點‘了’)’라고 불렀으며 이는 動相보어와 비슷한 작용을 한다고 하였는데, 즉 이것은 결과 상태를 명확하게 나타낸다기보다는 단지 행위가 성공적으로 완성되었는지를 표시한다고 보았다.

Sybesma(1999)는 끝점 ‘了’의 수형도(樹型圖)를 아래와 같이 제시하였다.

〈그림 7-3〉 끝점 ‘了’의 수형도(Sybesma 1999 : 78)

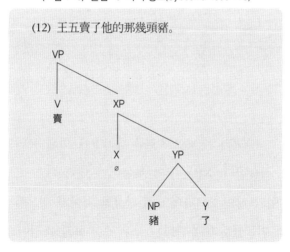

(12) 王五賣了他的那幾頭豬。

‘끝점 了’는 결과지시 소절(結果指示小節)[11] YP의 핵(Y)을 이룬다. 그것은 NP를 서술하고 XP가 없는 경우 전체로서의 소절은 V

를 보충하며 VP를 종결화하는 효과를 지닌다.

Sybesma(1999 : 78)는 '了p(=了₁, ₂)'를 실현 '了'(realization le : 實現 '了')라고 불렀으며, 소절에 의해 지시된 상태가 실현됨을 나타내면서 소절을 서술한다고 하였는데, 수형도는 아래와 같다.

〈그림 7-4〉 실현 '了'의 수형도(Sybesma 1999 : 78)

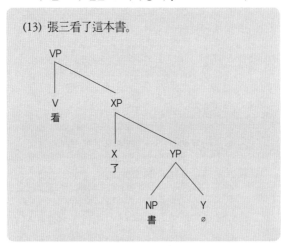

실현 '了'는 XP의 핵(X)을 이루는데 YP에 의해 표현되는 하나의 상태를 서술한다. XP는 V의 보충어가 된다.

우리는 이와 같이 '了'간에도 주관성의 차이가 있음을 살펴보았다. 앞에서 언급했듯이 주관화는 주관성 강화의 과정이므로, 이러

---

11) Sybesma(1999 : 10-14)는 '소절(small clause)'이 '동사에 의해 지시되는 사건의 결과로서 해석되는 일들의 상태'를 지시한다고 하였다. 또한 '결과지시 소절(the result denoting small clause)'은 동사에 대해 어휘적으로 표시한 보충어로서 술어를 종결화하며(telicize), 끝점이 없는 사건에 끝점을 제공하는 기능을 한다고 하였다.

한 과정은 통시적으로 관찰되어야만 한다. 楊永龍(2003)은 ≪朱子語類≫의 '了'가 [완성의미 동사 > 動相보어 > 완료 표지 > 기시상 표지 > 어기사] 순의 문법화 과정을 겪으면서 화자의 사건에 대한 관찰도 이에 상응하여 변한다고 하였는데, 이를 표로 정리하면 아래와 같다.

〈표 7-3〉≪朱子語類≫의 '了'[12]

'了'의 성질	화자의 사건에 대한 관찰	예
완성 의미 동사	동작의 종결점에 대한 관찰	今人做這一事未了，又要做那一事，心下千頭萬緒。 (요즘 사람들은 이 일을 하는 것을 끝내지 않고, 또 다른 일을 하려고 하니 마음이 갈피를 못 잡는다.)
動相 보어	동작의 결과에 대한 관찰	如人一日只吃得三碗飯，不可將十數日飯都一齊吃了。 (사람이 하루 세끼만을 먹어야 하는 것처럼 十數日의 밥을 한꺼번에 다 먹을 수는 없다.)
완료 표지[13]	사건을 나누지 않은 전체적인 관찰	義如利刀相似，都割斷了許多牽絆。 (義는 예리한 칼과 같이 많은 방해들을 잘라낸다.)
기시상 표지	상태의 시작점에 대한 관찰	知得分明了，方能愼獨涵養。 (분명하게 알아야 愼獨할 수 있다.)
어기사	심리 시점	韓退之雖知有這物事，又說得太闊疏了。 (한유는 이 일을 비록 알고 있었지만, 또 너무 소략하게 설명했다.)

楊永龍(2003)은 마지막 단계의 어기사 '了'는 상 의미를 표시하기보다는 주로 정도·원인 등의 신정보를 나타낸다고 하였는데,

---

12) 최규발·조경환(2008 : 296)에서 재인용.
13) 楊永龍(2003)은 '완료(Perfect=了₂)'를 '완료상(Perfective=了₁)'의 하위 범주로 설정하여 함께 논의하였다.

이것이 바로 본서에서 언급되어지는 '了₄'이며, '了₄' 역시 주관화의 과정을 겪었음을 알 수 있다.

요컨대 '了'의 주관성은 다음과 같음을 알 수 있다.

(14) '了'의 주관성 : [了₃ < 了₁ < 了₂ < 了₄]

7.3. '着'의 객관성과 주관성

'着'에 관한 세부적인 분류는 학자들마다 차이가 있는데, 예를 들면 徐丹(1992 : 458)은 "外面下着雨。"와 같이 동태적인 동사 뒤의 '着'는 동작의 지속을 강조하며 동작의 끝점을 강조하지는 않는다고 본 반면, "墻上挂着一幅畫。"와 같이 정태적인 동사 뒤의 '着'는 상태의 지속을 강조한다고 보았다.

그러나 만약 동사의 [역동] 자질이나 처소와의 연관성만을 고려한다면, 아래와 같은 문장의 성립 여부는 설명할 수 없다.[14]

(15) a. 他穿着大衣。　　　　b. *他脫着大衣。
그는 외투를 입고 있다.

(16) a. 他留着胡子。　　　　b. *他刮着胡子。
그는 수염을 기른다.

---

14) 그럼에도 불구하고 동태적인 지속을 나타내는 '着'는 상태의 지속을 나타내는 '着'보다 보편적이지 않으며, 施事주어가 쓰인 경우에는 더욱 그러하다는 사실을 유념해야만 한다. 특히 '着'는 "*小王在桌子上擺着三本詞典。"과 같이 행위자가 주어인 타동구문에서는 출현하기가 힘들다(木村英樹 2008 : 273).

이에 관하여 木村英樹(1983)는 동사의 의미자질에 주목하였는데, 본서에서는 木村英樹(1983, 2008)의 견해에 따라 動相보어적인 성질을 가진 '着'를 '着₁'으로, 지속적인 '着'를 '着₂'라고 부르겠다. 즉 '了₃'와 반대로 '着₁'은 [+제거] 동사와 공기하지 않고, [+부착] 동사와 공기하여 受事의 결과 상태를 표시한다.15) 木村英樹 (1983)에 따르면 이러한 '着₁'은 '着₂'와 분포상의 차이를 가진다고 하였는데, 이를 표로 정리하면 다음과 같다.

〈표 7-4〉'着₁'과 '着₂'의 비교

	着₁	着₂
'的'	他向桌子上擺着₁的碟碗看了一眼。	*他看着₂的書是≪水滸傳≫。
'沒'	桌子上沒擺着₁碟碗。	*外頭沒下着₂雨。
'已經'	我起來的時候，他已經穿着₁大衣。	*我起來的時候，他已經看着₂報紙。
'在'	*他在留着₁胡子。	他在刮着₂胡子。

위와 같은 현상들은 '着₁'이 상 표지로 완전히 문법화되지 않았으며, 어휘적 단계에서 動相보어와 유사한 반응을 보인다는 것을 말해준다.

따라서 '着₁'은 동작을 행한 후 受事의 구체적인 결과 상태인 '어느 장소에 부착하다' 또는 '보존하다'라는 의미이다. 이는 원래 동사 '著'의 본래 의미를 보존한 것으로 [+제거] 동사와는 당연히

---

15) 이에 관하여 木村英樹(2008 : 273)는 북경관화의 '著'는 두 가지 특징을 가지는데, 첫째, 대부분 定位 동사('挂', '貼', '放'류) 뒤에 놓이며, 둘째 동작의 결과를 지향한다고 하였다.

의미상 충돌을 일으키게 된다. 따라서 "*把書扔着!"에서는 동사 '扔'과 '着'가 의미충돌을 일으키게 되므로 비문이 되고, "把書帶着!"에서는 동사 '帶'와 '着'는 의미충돌을 일으키지 않으므로 정문이 된다.

요컨대 '着'의 특징은 크게 [부착]과 관련된 것과 그렇지 않은 것, 즉 [부착]과 [지속] 자질로 요약할 수 있다(木村英樹 1983, 2008, 陳忠 2009).[16]

'着'의 이러한 이중성은 아래와 같은 문장의 중의성에서도 알 수 있다.

> (17) 詩人穿着時新的夾克, 好不得意。(Xiao & McEnery 2004 : 187)
>   a. 시인은 신상 재킷을 입고 매우 만족스러워했다.
>   b. 시인은 신상 재킷을 입으면서 매우 만족스러워했다.

위의 예문 (17)의 동사 '穿'은 [부착] 자질이 돌출되어 정태적인 상황(해석 a)을 나타낼 수 있다. 또한 '穿'은 활동 동사이므로, 동태적인 상황(해석 b)을 나타낼 수도 있다.

비록 Xiao & McEnery(2004 : 186)는 '着'의 動相보어 성질을 부인하면서 아래와 같은 예문들에서 '着'는 지속성만을 나타낸다고

---

16) 陳忠(2009)은 [부착] 자질과 관련 없는 '着'의 경우 '(正)在'와 공기하거나 대체될 수 있다고 보았다. 黎天睦(Light 1991)는 '着'의 기본성질을 '관성(interia)'이라고 하였는데, 이는 "等着!"와 같은 명령문에서는 지속의미가 없으며, 상태와 과정 모두를 표시하는 중의적인 문장인 "湯熱着呢。"가 존재하므로, 지속성만으로는 '着'의 성질을 설명할 수가 없기 때문이다.

보았지만, 아래의 예 (18)에 쓰인 동사 '有'·'笑'자체에는 [부착] 자질이 없으므로, 動相보어로 보기 힘든 것은 어찌 보면 당연한 결과인지도 모른다.

(18) a. 對案犯有着深刻的印象。

 피의자에 대하여 깊은 인상을 가지고 있다.

 b. 毛澤東笑着對他說 [……]。(Xiao & McEnery 2004 : 186)

 모택동이 웃으면서 그에게 말하길 [……].

 따라서 '着'를 단순히 지속성만을 강조하는 미완료상 표지로 보는 견해는 재고할 필요가 있는데, 왜냐하면 '着'의 근본적인 자질인 [부착]을 경시하여 결과적으로 '着'의 動相보어적인 성질을 간과하기 때문이다.

 '着'의 이 두 자질간의 관계에 대하여 陳忠(2009 : 79)은 '환유'를 통해 아래의 <그림 7-5>와 같이 공간적인 자질인 [부착]에서 시간적인 자질인 [지속]으로 변했다고 보았다.

〈그림 7-5〉 '着'의 변천과정(陳忠 2009 : 79)

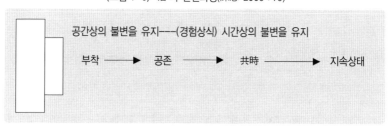

공간상의 불변을 유지---(경험상식) 시간상의 불변을 유지

부착 ──→ 공존 ──→ 共時 ──→ 지속상태

위의 <그림 7-5>에서 알 수 있듯이 '着'가 이렇게 [부착] 동사와 특별한 관계를 나타내는 것은 바로 '着'자체의 내원과 관련이 깊다. 즉 원래 '着(著)'는 '附着'의미를 나타내는 동사였는데, 漢代 이후 'V+著' 연동문에서 점차 문법화되었으며, 이러한 연동문에 쓰이는 빈어가 다양해짐에 따라, '著' 역시 여러 가지 의미로 파생되었다. 林新平(2006)에 따르면 ≪祖堂集≫에 쓰이는 '着(著)'는 [동사<動相보어<상 표지<어기사] 순으로 변천하였는데, 이를 정리하면 아래의 <표 7-5>와 같다.

〈표 7-5〉 ≪祖堂集≫의 '著'

	구조	'著'의 의미	예문
동사	V+O	著衣, 安置	身被一破納，脚著娘生褲。 (몸에는 헤어진 누더기 한 벌을 입었고, 다리에는 엄마가 낳아준 바지를 걸쳤다.)
	V1+V2'著'[17]	貪戀, 依附	法法依著，識性無有自在分。 (법마다 집착되어서 자유로워질 소질이 전혀 없나니.)
動相보어	V+著+(受事 빈어)	住	師便把西堂鼻孔拽著。 (선사께서 서당의 코를 잡아당겼다.)
	V+著+처소 빈어	在	師云 : "大德龜毛拂子・兔角柱杖藏著何處 ? " (선사께서 대답했다 : "대덕아! 거북이 털의 불자와 토끼 뿔의 지팡이는 어디다 두었느냐?")
	V+著+대상빈어	到	趙州云 : "遇著個太伯。" (조주선사가 말하길 : "태백을 만났구나.")

---

17) 비록 曹廣順(1986 : 28)은 '貪著, 愛著, 戀著' 등에서 '著'는 동작 지속 또는 결과 획득의미를 내포한다고 주장하였으나, 본서에서는 ≪祖堂集≫의 다른 예들을 고려해 볼 때, '著'가 여전히 '연연하다'라는 동사 의미를 지닌다고 본 林新平(2006)의 견해

	구조	'著'의 의미	예문
상표지	V+著+(빈어/V₂)	완료상	何年飮著聲聞酒，迄至如今醉未醒。 (어느 해에 성문의 술을 마시었기에, 아직까지 깨어나지 못하고 있노.)
상표지	V+著+(빈어)	지속상	岩云："如無燈夜把著枕子。" ("마치 어두운 밤에 베개를 만지는 것 같으오.")
어기사	V+(빈어)+C+著	명령, 금지	師云："坐却著。" (巖頭선사가 말하길："앉혀라.")

위의 <표 7-5>에서 흥미로운 사실은 대표적인 미완료상 표지라고 할 수 있는 '著'도 한때는 완료상 기능이 있었다는 점이다.

완료상 '著'가 쓰인 문장은 종결빈어를 지닌 완수 상황이며, 동사는 동태·지속·완성의 특징을 지닌다. 이러한 완료상 '著'는 動相보어 '著'로부터 파생된 용법으로 다른 완료상인 '了₁'이 일반적으로 사용됨에 따라 역사의 뒤안길로 사라질 수밖에 없었다(林新平 2006：90).

또한 어기사 '著' 역시 ≪祖堂集≫ 이전에는 거의 볼 수 없었던 것으로 ≪祖堂集≫에서부터 서서히 사용되기 시작하였으나 오늘날까지 이어지지 못하고 중간에 소멸되었다(孫錫信 1999：86).

한편 陳前瑞(2008：264)는 초점성과 주관성의 반비례 관계를 논의하였는데, 즉 초점성이 높으면 주관성이 낮으며, 초점성이 낮으면 주관성이 높다.[18] 이러한 설명은 '著'에도 그대로 적용할 수

───────

가 타당하다고 여겨지므로, 동사 범주에 포함시켰다.

있는데, 動相보어인 '着₁'이 미완료상 표지인 '着₂'보다는 당연히 초점성이 높으므로 주관성이 낮다. 따라서 '着'의 주관성은 다음과 같이 요약할 수 있다.

(19) '着'의 주관성 : [着₁ < 着₂]

7.4. '過'의 객관성과 주관성

이미 여러 학자들(Li & Thompson 1981, 吳雲 2004, Pan & Lee 2004)이 동사 '過'의 기본의미는 '어느 한 탄도체가 원점을 출발하여 어느 한 장소를 경과한 뒤에 다른 장소에 도달하는 것'이라고 밝힌 바 있는데, 예를 들면 "火車從橋上駛過。"는 아래와 같은 도식으로 나타낼 수 있다.[19]

---

18) 陳前瑞(2008 : 264)는 초점도가 높은 표지는 개체 또는 부분 동작에만 국한되는 반면, 초점성이 낮은 표지는 사건 전체 또는 여러 장면의 사건에 사용될 수 있다고 보았다. 또한 초점성이 높은 표지로부터 낮은 표지로 변천하는 경향이 있다고 하였으며, 또한 그는 초점성 이론에 근거하여 중국어 미완료상 표지들의 주관성이 [着 > 正 > 正在 > 在 > 呢]순이라고 보았다.

19) 비록 '過'의 변형된 영상도식에 관해서는 학자들마다 견해가 조금씩 다르지만, 동사 '過'의 원형의미에 대한 영상도식은 대체로 일치한다고 할 수 있다. 陳忠(2009)은 '過'의 기본 의미를 어떤 지역을 넘어가는 것이라고 본 반면, 박종한(1996 : 332)은 동사 '過'의 중요한 의미 특징을 공간상의 거리를 가로 질러 지나가는 것이라고 보았다. '넘어가는 것' 역시 '통과하는 것'의 변이이므로 본서에서는 박종한(1996)의 견해를 따르겠다.

〈그림 7-6〉 동사 '過'의 영상도식

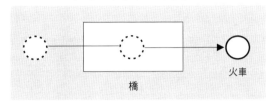

橋

火車

동사 '過'는 공간 영역에서 시간 영역으로 파생될 수 있는데, 여기에서 주의할 점은 시간이동은 공간이동과는 달리 두 가지 종류의 이동이 있을 수 있다. 예를 들면 "過了三天。"과 같은 '자아이동'이 있을 수 있으며, "三天已過。"와 같은 '시간이동'이 있을 수 있다. 다시 말해 '관통하다'라는 의미로부터 '시간을 보내다'와 '경과하다'라는 의미들이 파생된다.

한편 '過$_1$'은 어느 특정 사건이 완성되었음을 나타내므로 아직 動相보어에 속한다고 할 수 있다.[20] 따라서 '過$_1$'은 자주 '完' 등으로 대체되는데, 예를 들면 "吃過飯再走。"는 "吃完飯再走。"라고도 말할 수 있다.[21] 'V過$_1$'의 부정은 '還沒V' 또는 '還沒有'인데, 예를 들면 아래와 같다.

---

20) Leslie Fu(2002 : 76)는 '過$_1$'은 [지나감은 완성이다(PASSSING IS COMPLETING)] 은유가 작용하여, 앞 동사의 완성을 표시하게 되었다고 보았다.

21) 吳雲(2004 : 67)은 '過$_1$'이 비록 動相보어 성질을 가졌으나, 일반적인 動相보어와는 여전히 차이가 있음을 지적하였다.
  a. 你作業做完了嗎? 沒做完。
  b. 你作業做好了嗎? 沒做好。
  c. 你作業做過了嗎? *沒做過。

(20) A : ≪紅樓夢≫你看過₁沒有了?

넌 ≪紅樓夢≫을 다 봤니?

B : 還沒有呢。 또는 還沒有。 (吳雲 2004 : 69)

아직 다 보지 못했어.

'過₁'의 영상도식은 아래와 같은 그림으로 나타낼 수 있다.22)

〈그림 7-7〉 '過₁'의 영상도식

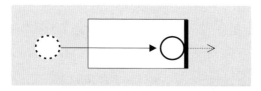

<그림 7-7>에서 알 수 있듯이 '過₁'은 동사일 때와는 달리 동작의 완성을 표시하므로, 완성 부분이 윤곽부여 되었다.

'過₂'는 일반적으로 경험상 표지라고 알려졌는데, 이는 '曾經'과 자주 공기하며, 부정형식은 '沒V過'이다.

(21) A : ≪紅樓夢≫你看過₂了沒有?

넌 ≪紅樓夢≫을 본 적 있니?

B : 還沒看過。 (吳雲 2004 : 69)

아직 보지 못했어.

---

22) 이 도식은 박종한(1996 : 348)의 도식을 수정한 것이다. 그는 '過₁'을 시제와 상관없는 개념으로 보았으므로 시간을 배제하였다.

‘過₂’를 영상도식으로 나타내면 다음과 같다.

〈그림 7-8〉 ‘過₂’의 영상도식

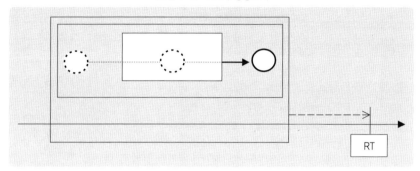

　위의 도식에서 ‘過₂’는 상 표지이므로, ‘過₁’과 달리 시간축이 추가되었으며 사건이 참조 시간(RT) 전에 끝났음을 나타내고 있다. 다시 말해 ‘過₂’는 ‘過₁’과 달리 시간 영역까지 고려되어야 하며, ‘過₂’의 이러한 투과성은 공간 영역에서 시간 영역으로 사상될 때에도 유효하여 참조시간(RT) 이전에 사건을 위치시키는 ‘경험상 표지’로 발전하게 된다. 이은수(2003 : 106)는 이러한 과정을 ‘過₂’가 ‘간접적인 관련성’을 갖는 것이라고 하였다.

　‘過₁’과 ‘過₂’의 성질을 좀 더 살펴보기 위하여 ‘過’의 문법화 과정을 살펴보도록 하자. 林新平(2006)은 ≪祖堂集≫에 출현하는 ‘過’의 변천과정을 고찰하였는데, 이를 표로 정리하면 다음과 같다.

〈표 7-6〉 ≪祖堂集≫의 '過'

	지위	형식	예문	기능
①	V	단독 동사	跨水者，過海也。 ('물을 건넌다'함은 '바다를 건넌다'는 뜻이요.)	공간 이동
			某甲若不遇和尙，空過一生。 (제가 만일 화상을 만나지 못했더라면 일생을 헛되이 보낼 뻔 하였습니다.)	시간 이동
②	방향 보어	V+過	大師云：“犹在這裏，何曾飛過?” (대사께서 말했다. "아직 여기에 있는데 언제 날아갔다 하는가?")	물체의 위치 이동
		V+過 +O	師云：“若殺人，泊錯放過者個漢。” (선사께서 말했다. "몹시도 사람을 괴롭히는구나! 하마터면 잘못해서 저 첨지를 놓칠 뻔 하였구나!")	위치이동이 통과하는 受事표시
③	動相 보어	勘+過	又時上堂云：“四方來者，從頭勘過，勿去處底，竹片痛快。” (또 언젠가 상당하여 말했다. "사방에서 온 이들을 머리부터 발끝까지 감정하여서 갈 곳이 없는 무리는 대쪽으로 아프게 때리리라.")	동작 완성 또는 실현 표시
④	動態 助詞		없음	

≪祖堂集≫에서 動態助詞의 '過', 즉 '過₂'는 아직 출현하지 않았는데 이는 南宋시기의 ≪五燈會元≫에 이르러서야 출현한다(林新平 2006：154).

動相보어인 '過₁'은 내재상에 관련되며, 경험상인 '過₂'는 외재상에 관련된다는 점에서 '過₁'은 '過₂'보다 객관적이라고 할 수 있다. 따라서 '過'의 주관성 배열은 아래와 같다.

(22) '過'의 주관성：[過₁ ＜ 過₂]

우리는 지금까지 중국어의 내재상과 외재상의 객관성과 주관성을 살펴보았다. 내재상은 화자를 배제한 채, 동사와 (비)논항 간의 합성적인 성질을 지니므로 외재상에 비해 객관적이라고 할 수 있다.

한편 중국어 상의 범주는 교차적인 성질을 지니므로(조경환 2009 : 202), 비록 관점상 표지라 할지라도 '了'·'着'·'過'의 動相보어 성질이 간과되어서는 안 되며, 정도의 차이는 있지만 '了'·'着'·'過'는 모두 지금까지도 動相보어의 성질을 지니고 있음을 살펴보았다.

요컨대 주관성의 관점에서 파악한 중국어의 상 체계는 다음과 같은 그림으로 정리할 수 있다.

〈그림 7-9〉 중국어 상 표지의 주관성

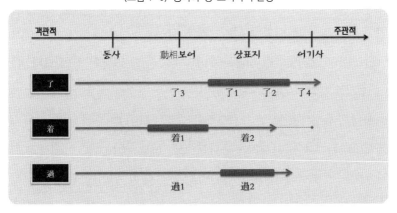

위의 〈그림 7-9〉에서 알 수 있듯이 '了'가 '着'나 '過'보다 주관적이라는 것은 분명하다. 문제는 '着'과 '過' 중 어느 것이 더

주관적이냐는 것이다. 비록 '着'의 경우 변천 과정에서 어기사 용법이 출현하여, '過'보다 더 주관화 되었다고 말할 수 있음에도 불구하고 필자는 '着'의 주관성이 '過'보다 약하다고 여긴다. 그 이유는 '着'의 어기사 기능은 어디까지나 변이일 뿐, '着'의 기본적인 성질이 여전히 '부착' 또는 '부착'에 관련된 것이기 때문이다.

실제로 어기사 '着'는 ≪紅樓夢≫이나 ≪兒女英雄傳≫에서는 보이지 않는다(孫錫信 1999 : 158).23) 반면 '過₁'은 동사 '過'에서 '過₂'로의 변천해가는 과도기적 산물로서, '過'의 기본적인 성질은 '過₂'에 계승되었다. 더욱이 '過₂'는 항상 참조시간을 포함한다는 특성을 지닌다. 따라서 필자는 잠정적으로 중국어 상 표지의 주관성은 [了 > 過 > 着]순이라고 본다.

한 가지 주의해야 할 사실은 주관성은 상대적인 개념이라는 것인데, 예를 들면 비록 '了'가 '過'보다 좀 더 주관적인 표지라고 말할 수도 있지만, 경험상 표지인 '過₂'가 動相보어 '了₃'보다 좀 더 주관적이라고 말할 수도 있다.

지금까지 본서에서는 '了'·'着'·'過' 사이에 주관성의 차이가 존재한다는 것을 공시적·통시적으로 살펴보았는데, 어째서 '了'가 '着'나 '過'보다 더 주관화되었는지에 대한 원인에 관해서는 향

---

23) 이러한 현상은 반드시 주관성이 강화되는 과정만이 존재하는 것이 아니라, 주관성이 약해지는 과정, 즉 탈-주관화(de-subjectification) 현상도 존재할 수 있음을 의미한다. 예를 들면 被字句의 경우 초기에는 대부분 부정적인 의미를 전달하는 상당히 주관성이 강한 구문(被+V)이었으나, 施事NP가 출현하며 긍정적인 의미의 동사가 被字句에 출현함에 따라 주관성이 점차 약해지는 과정을 겪었다.

후 좀 더 심도 있는 연구가 필요하다.

7.5. '了'·'着'·'過'의 상 합성

지금까지 여러 학자들에 의해 논의된 상 합성은 주로 내재상 단계인 상황상(situation aspect) 층위에서 다루어졌다. 그렇다면 과연 중국어의 '了'·'着'·'過'와 같은 관점상 표지들은 상 합성 과정에서 아무런 영향을 미치지 못하는 것일까? 본장에서는 주로 이 문제에 관하여 논의하고자 한다.

Soh & Gao(2006)는 상황상과 관점상인 '了'와의 관계를 논의한 바 있는데, 그들의 주장을 요약하면 아래의 표와 같다.

〈표 7-7〉 상황상과 '了'와의 관계(Soh & Gao 2006)[24]

상황상	了₁의 기여	了₂의 기여
상태 (비경계)	허용 안 됨	기시
상태 (경계)	완성(completion)	
활동	종료(termination)	기시
성취	완성	완성
완수 (완성표지 또는 數詞 있음)	완성	완성
완수 (완성표지 또는 數詞 없음)	종료	기시

위의 <표 7-7>에서와 같이 Soh & Gao(2006)는 상태와 완수를

---

24) <표 7-7>은 Soh & Gao(2006)의 표 1과 표 2를 합쳐 정리한 것이다.

각각 두 층위로 구분하여 '了'와의 관계를 분석하는 등 상황상과 상 표지 '了'와의 관계를 보다 구체적으로 논의하였다.

그러나 필자는 '了$_2$'에 관한 그들의 주장에는 동의하는 편이지만, 완수가 완성 표지 또는 수사 즉, 결과요소의 유무에 따라서 '了$_1$'의 해석이 달라진다는 그들의 주장에 관해서는 의구심을 가졌다.

우리가 2장에서 이미 살펴보았듯이 완수 사건의 종결성은 기타 요소(수사 또는 완성표지)에 의해 변할 수 있다. 다시 말해 완수 사건의 종결성이 확정적이 아니라 가변적임을 인정하게 된다면(즉 수식 성분에 따라 종료될 수도 있고 완성될 수도 있음), 위의 표에서 완수 사건의 완성 또는 종료(termination)해석은 사실 '了$_1$'에 의해 나타난 것이 아니라, 상황상 층위에서 이미 사건 자체가 나타낸 것이다.

예를 들면 "我昨天寫了三封信。"이 완성 해석을 갖게 되는 것은 '了$_1$'에 의해서가 아니라 이미 상 합성 과정에서 결정된 것이다. 만약 '三封信'을 '那封信'으로 대체한다면 완수 사건의 종결성은 약해져 종료를 나타내게 된다.[25]

이와 같이 상 합성 과정을 고려하지 않은 Soh & Gao(2006)의 견해는 재고해 볼 필요가 있는데, 그 결과 위의 <표 7-7>에서 활동도 종료를 나타내고, 완수도 종료를 나타낸다는 모순에 빠지게 된다. 그러나 이미 2장에서 언급했듯이, 활동은 '在一個小時內'와 공기할 수 없는 반면, 완수는 공기할 수 있다는 점에서 양자 사이

---

25) 이와 같은 사실은 '了'의 기능도 재고할 필요가 있음을 제기하는데, 필자는 '了'를 상대적 선시성 표지로 보는 견해(이은수 2003)에 기본적으로 동의한다.

에는 엄연히 차이가 존재한다.

한편, 陳前瑞(2008)는 Soh & Gao(2006)보다 좀 더 정교한 4단계 상 체계를 제시했다.

〈표 7-8〉 陳前瑞(2008 : 271)의 4단계 상 체계

핵심 관점상	미완료상			완료상		
	着₁			了₁		
주변 관점상	진행상			완료		
	正, 正在, 在, 呢			了₂, 過₂, 來着		
형세상	기시상	연속상	완성상	결과상	短時상	반복상
	起來	下來, 下去	補語性的 完, 好, 過₁	補語性的 着₂, 到, 見	動詞重疊 (看看)	復疊 (說說笑笑)
상황상	상태		동작	완수	성취	
	知道, 是		跑, 玩, 唱歌	創造, 建造	死, 贏	

陳前瑞(2008 : 271)는 중국어의 상 체계를 크게 네 개의 층위, 즉 핵심 관점상·주변 관점상·상황상·형세상으로 구분하였는데, 핵심관점상과 주변관점상은 실제적인 시간 흐름에 진입하므로 참조시간과 관련되는 반면, 상황상과 형세상은 사건의 추상적인 시간구조로서 참조시간과는 관련이 없다고 하였다.

<표 7-8>에서 알 수 있듯이 陳前瑞(2008)는 '형세(phase)'를 단계적인 개념으로 이해하였는데, 특히 '完'·'好'·'過₁'은 주로 동작의 완성을 표시한다고 하여 '완성상'으로, '着₂'·'到'·'見'은 동작이 결과상태가 있음을 표시한다고 하여 '결과상'으로 구분한 점은 매우 흥미롭다.[26]

비록 動相보어의 분류에 관해서는 학자들마다 이견이 존재하지만, '완성상'이든 '결과상'이든 모두 사건의 끝점(end point)을 표시한다는 공통점을 가지고 있다.

사실 위의 <표 7-8>에는 우리가 지금까지 주목하지 못했던 중요한 사실이 내포되어 있는데, 즉 '了₁'은 핵심 관점상(완료상 perfective)에, '了₂'는 주변 관점상(완료 perfect)에, '着₁'은 핵심 관점상(미완료상 imperfective)에, '着₂'는 형세상(결과상)에, '過₁'은 형세상(완성상)에, 그리고 마지막으로 '過₂'는 주변 관점상(완료)에 속해 있다.

이와 같은 사실들을 고려해볼 때, 중국어의 관점상 표지인 '了'·'着'·'過'는 비록 정도의 차이는 존재하지만 여전히 그 중간단계인 형세상(動相보어) 성질을 지니고 있음을 알 수 있다.

요컨대 지금까지 우리는 중국어의 상 체계를 구분할 때, 전통적으로 Smith(1991)의 기준에 따라 크게 '상황상'과 '관점상'으로 획일화 된 두 가지의 분리된 체계로 구분하였으나, 적어도 중국어의 경우에는 陳前瑞(2008)와 같이 교차적인 범주로 보는 것이 타당하다고 여겨진다. 이에 상 합성의 관점에서 중국어의 상 체계를 그려본다면 대략적으로 아래와 같다고 할 수 있는데, 설명의 편이를 위해 비논항은 결과요소(動相보어)에만 국한하였다.

---

26) 완성상과 결과상이 본서에서 말하는 '動相보어'이다.

〈그림 7-10〉 중국어의 상 합성 체계

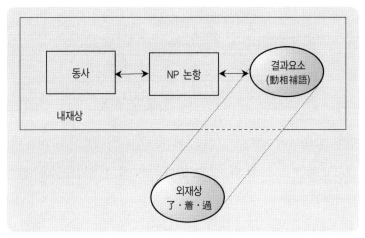

위의 〈그림 7-10〉에서도 알 수 있듯이, 중국어의 대표적인 상 표지인 '了'·'着'·'過'는 사건 내부로부터 사건을 관망하는 '관점상'까지 걸쳐 있음을 알 수 있다. 이런 연유로 위의 그림에서는 '상황상'이라는 용어 대신 '내재상(inner aspect)'으로, '관점상' 대신에 '외재상(outer aspect)'이라는 용어를 사용하였다.

요컨대 상 합성은 주로 사건 내부 구조, 즉 내재상에 관한 규칙이다. 그러나 우리는 외재상이라고 알려진 '了'·'着'·'過' 역시 경우에 따라서는 위의 〈그림 7-10〉에서처럼 내재상의 범주에 들어갈 수 있음에 유념해야 된다.27)

　(23) a. V[파괴·소실] + 了(phase) = 제한된 사건

---

27) 이에 관해서는 6장 把字句와 상 부분에서 이미 다루었다.

他把帽子摘了p。　　　*他把帽子戴了p。

그는 모자를 벗었다.

b. V[부착·접촉] + 着(phase) = 제한된 사건

他穿着p大衣。　　　*他脫着p大衣。

그는 외투를 입고 있다.　　　　　　(p=phase : 動相)

한편 動相보어 '過'는 '了'나 '着'에 비해 상대적으로 더 문법화 되었으므로, '了'·'着'와 같은 일반적인 상 합성 규칙을 찾기가 힘들다.28)

지금까지 우리는 중국어의 상 합성은 V와 NP 논항, 그리고 비 논항과의 상호 작용을 통해 도출된다는 것을 살펴보았다. 그러나 필자는 이미 把字句와 관련된 상 합성 규칙에 문제가 있음을 제기 하였으며, 향후 被字句·得字句 등 다른 특수구문에 대한 상 합성 규칙도 검증할 필요가 있다고 여겨진다.

또한 기존의 상 합성 규칙들은 '了'·'着'·'過'를 배제했으나, 중국어의 상표지인 '了'·'着'·'過'가 動相보어적인 성질을 지닐 때에는 부분적으로 상 합성 과정에 참여할 수 있음을 지적하였다.

요컨대 상 합성은 사건 내부에 관한 '내재상(inner aspect)'에 관 한 과정으로 볼 수 있으나, 중국어의 경우 '외재상(outer aspect)'인 '了'·'着'·'過'가 내재상과 완전히 분리된 범주가 아니라, 교차

---

28) 王惠(1993 : 10)는 動相보어 '過'앞에 출현하는 동사로는 '安(裝)', '移動', '修改', '整 理', '表演', '燙(衣服)', '看(稿)', '抄', '揉(面)' 등으로 비교적 강한 동작성을 지닌다 고 하였다.

범주라는 사실을 유념해야 할 필요가 있다.

이와 관련하여 우리는 실상화 표지로서의 '了'·'着'·'過'의 기능을 다음 절에서 살펴보고자 한다.

7.6. 실상화 표지로서의 '了'·'着'·'過'

마지막으로 실상화(reality) 표지로서의 '了'·'着'·'過'를 살펴보겠다. 이에 관해서는 木村英樹(2008)가 처음 언급하였는데, 그는 Langacker의 인지문법(Cognitive Grammar)의 단상화(grouding) 이론에 근거하여 '了'·'着'·'過'는 실상화 표지라고 정의내렸다.[29)]

따라서 인지문법의 실상 개념을 알기 위해서는 먼저 단상 (ground)과 단상화(grouding)의 개념을 살펴볼 필요가 있다. 단상 (ground)은 발화행위의 직접 맥락으로 화자, 청자, 그리고 여기(here) 와 지금(now)을 포함하며, 단상화(grounding)는 이러한 단상과 관계를 맺는 인지 작용으로 "화행과 화행 참여자, 화행의 직접 환경을 지시하는 방법"이다(Langacker 1999/2001 : 57).

Dirven & Verspoor(1998/1999 : 123)는 "사건을 화자의 세상에 대한 경험과 관련짓는 것을 단상화"라고 하며, "성공적인 의사소통을 보장하기 위해서 사건의 참여자들과 그 사건 전체는 닻을 내리거나 단상화할 필요가 있는데, 보통은 화자를 공간상의 참조점

---

29) 'grouding'은 김종도(1999)는 '단상화'로 번역하였고, 임지룡·김동환(2005) 등은 '고정화'로 번역하였다. 본서에서는 김종도의 번역을 따르겠다.

으로 간주하고 발화 순간을 시간적 참조점으로 간주한다."고 하였다. 즉 Dirven & Verspoor(1998/1999 : 123)는 사건을 시간적 혹은 공간적으로 화자 혹은 발화와 관련짓는 것이 '단상화'라고 보았다.

한편 Langacker(1999/2001 : 331)는 단상화 요소를 '직시적 참조점'으로 간주하였는데, Langacker는 영어에서 단상화 서술(grounding predication)로 명사류의 경우 관사, 지시사, 양화사를 들었으며, 동사 정형절의 경우 시제와 양상 조동사를 들었다. Langacker(1999/2001 : 332-333)에 따르면 "단상화 서술은 오직 단상화된 개체─명사에 의해 윤곽으로 부각되는 물체 또는 정형절에 의해 지시되는 과정─만을 윤곽으로 한다."고 한다. 다시 말해 단상화는 명사나 동사구가 가리키는 개체나 상황을 화행 속에서 화자나 청자가 알 수 있는 실례로 만들어주는 역할을 한다.

Dirven & Verspoor(1998/1999)는 더 나아가 단상화 요소의 범위를 좀 더 넓게 보았는데, T・A・M(Tense-Aspect-Modality), 즉 시제 ─상─양상 모두를 단상화 요소(grounding element)라고 하였다. Langacker(2008 : 300) 역시 이후 이들과 같은 견해에 동의하면서 아래와 같은 표를 제시하였다.

〈표 7-9〉 단상화 구조와 단상화 요소(Langacker 2008/2014 : 388)

단상화 요소	단상화된 구조			
시제 양상	완료 (have+-ed)	진행 (be+-ing)	피동 (be+-ed)	어휘동사 (V)
	조동사 체계(AUX)			'주요'동사

요컨대 Langacker(1991/1999 : 283)는 모든 전형절은 단상과 관계를 맺는다면서 양상 조동사의 유무와 '과거시제' 형태소의 유무에 따라 구분할 수 있다고 하였다. 인식된 실상은 '과거시제' 형태소로 표시되는 반면, 비실상인 투사된 실상과 잠재 실상은 양상 요소에 의해 표시된다.

木村英樹(2008 : 273)는 이러한 단상화 이론(grounding theory)에 근거하여 중국어 상 표지를 분석하였는데, "'着'는 동작 실현 후의 결과를 표시하고, 사람 또는 사물의 참조 공간에 실제로 존재함을 표시하며, '着'는 시간 개념이 아닌 공간 개념에 치우치고, 지속 자체를 표시하며 않으며 존재를 표시한다."고 하였다.

'過'에 관해서 그는 과거 사건을 서술하며 경험(經驗)은 일종의 속성, 특정 인물위에 존재하는 공간 개념이라고 하였다.

마지막으로 木村英樹(2008 : 277)는 '了'가 어떤 사건이 화자 관점의 현실 시간 영역에 있다고 보았으며, '着'와 '過'는 현실 공간 영역에 있다고 여겼는데, 즉 '了'는 시간성 실상화 표지이며, '着'와 '過'는 공간성 실상화 표지라고 하였다.

여기에서 특히 주의해야 할 점은 木村英樹(2008)는 '了'·'着'·'過'를 실상화(實存態) 표지로 간주하였으며, 단상화나 고정화 표지라고 하지 않았다는 점이다.

만약 '了'·'着'·'過'가 단상화나 고정화 표지라고 말한다면 절반만 맞는 셈인데, 왜냐하면 Langacker의 기본인식 모형에서는 상과 시제뿐만 아니라, 잠재 실상을 나타내는 양상(modality)도 단상화 요소이기 때문이다. 이러한 점은 위에서 살펴본 Dirven & Verspoor(1998/1999)도 분명히 하고 있다.

〈그림 7-11〉 Langacker(2008/2014 : 398)의 역동적 진화 모형

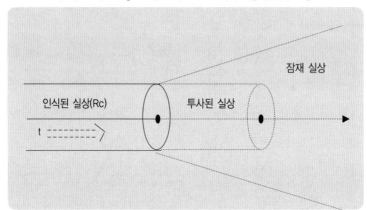

실상화 표지라는 것은 인식된 실상(Conceived Reality), 기지 실상(known Reality) 표지를 의미한다. 투사된 실상과 잠재 실상인 비실상(irreality)은 양상 요소에 의해 표현된다. 따라서 '了'·'着'·'過'를 단상화 표지나 고정화 표지라고 말하는 것은 인식된 실상뿐만 아니라 비실상(irreality)까지 포함하게 되므로 이러한 견해는 인지문법에 대한 심각한 오류이자 커다란 오해라고 할 수 있다.

하지만, 木村英樹(2008)의 견해 역시 불완전하다고 할 수 있다. 다시 말해 필자는 기본적으로 '了'·'着'·'過'가 실상화 표지라는 木村英樹(2008)의 견해에는 동의하지만, '了'가 시간성 실상화 표지이며, '着'와 '過'가 공간성 실상화 표지라는 주장에는 동의하지 않는데,

필자는 '了'는 반드시 시간성 실상화 표지는 아니며, '了$_1$'·'了$_2$'의 경우 시간 영역에 속하지만 '了$_3$'의 경우 공간성 표지라고 본다.

결국 '了'·'着'·'過'는 모두 공간과 시간의 실상화 표지라고 여기는 편이 좀 더 정확하다고 여겨지며, 이에 실상화 이론에 근거하여 중국어의 내재상과 외재상을 다음의 표와 그림으로 정리할 수 있다.

〈표 7-10〉 중국어의 내재상과 외재상의 시공간 분류

층위	상 표지	시공간
내재상	了$_3$, 着$_1$, 過$_1$	공간
외재상	了$_2$, 着$_2$, 過$_2$	시간
화용	了$_4$	無

〈그림 7-12〉 RVC, PVC 그리고 상[30]

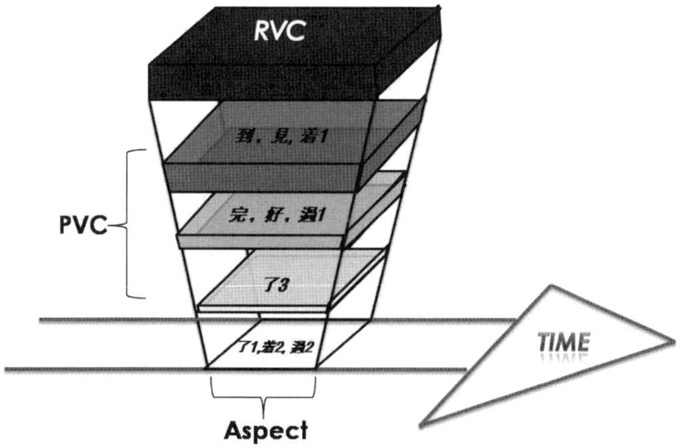

---

30) 최규발·조경환(2010 : 16)에서 인용함.

위의 <그림 7-12>에서 볼 수 있듯이, 즉 PVC(動相보어)는 공간적인 RVC와 시간적인 상 범주 사이에 존재하는 중간 범주라고 할 수 있다. 이는 즉 RVC에서 PVC 그리고 상 범주로 갈수록 공간이 줄어들게 되어 결국 일차원적인 시간 영역의 상 표지까지 허화된 것이다.

결국 중국어의 '了'·'着'·'過'는 순수한 상 표지가 아니라, 이상의 그림과 같이 시공간에 걸쳐 얽혀있는 혼합 표지(hybrid marker)이자 실상화 표지라고 할 수 있다.

❁ 좀 더 읽을거리

'了₁'과 '了₂'에 관해서는 Li & Thompson(1980), Smith(1992)가 기본적인 텍스트라고 할 수 있으며, 선시성에 관해서는 Shi(1990), 이은수(2003), '了'의 역사적 배경에 관해서는 楊永龍(2003)을 참고할 만하다. 또한 중국어 상 체계에 관하여 Huang(1987)의 박사 논문도 개괄적인 설명을 하고 있다.

　지금까지 우리는 중국어의 상 체계와 특징을 살펴보았다. 기본적으로 상(aspect)은 어휘상과 문법상, 또는 외재상과 내재상이라는 이중성(duality)을 지닌다는 전제 하에 먼저 동사를 3분법·4분법·5분법·6분법으로 구분하였으며, 이러한 동사와 기타 논항간의 상호 작용인 상 합성 규칙까지 살펴보았다. 물론 기존 상 합성 규칙들 중 문제가 있어 보이는 몇몇 부분은 본문의 관점에 맞게 수정된 견해를 제시하였다.

　본서에서 살펴보았던 주요 문제 중의 하나가 중국어의 경우 영어나 다른 언어에서처럼 명확하게 이중성을 구분하기 힘들다는 것인데, 즉 전통적으로 관점상 표지라고 일컬어졌던 '了'·'着'·'過' 조차도 어휘상 또는 내재상 관점에 참여할 수 있었는데, 이때에는 소위 動相보어(phase complement)의 성질을 지니게 된다.

　'了'·'着'·'過'의 動相보어 성질을 검증하는 또 다른 방법은 바로 把字句를 통해서이다. 기본적으로 把字句는 결과를 나타내는 요소를 내포해야 하며 그렇지 않으면 비문이 된다. 따라서 "他把飯吃了。"와 같은 把字句가 성립되는 이유는 '了' 자체가 단순한 상표지가 아닌 動相보어 성질을 지니기 때문이며, 이는 이미 여러 학자들에 의해 논의된 바 있다. 물론 이때에는 '了'뿐만 아니라 동사의 의미 자질, 빈어의 종결성 등 여러 요소를 고려하여 그 문장의 적법성을 판단해야만 한다.

요컨대 상이라는 것은 이분지로 구분할 수 있지만, 중국어의 경우에는 이러한 이분지가 얽혀있다고 할 수 있다. 그럼에도 불구하고 우리는 이러한 상의 이중성을 먼저 분리한 다음 꼬여있는 상황을 살펴보아야만 하며 처음부터 얽힌 상태로 인식한다면 혼돈을 일으키게 된다.

따라서 전통적인 상 이론의 관점에서 본 한 구문의 상은 크게 이분지적으로 내재적인 상황상과 외재적인 관점상으로 구분할 수 있다. 상황상은 동사와 기타 논항간의 합성 작용의 결과이며, 관점상은 크게 완료상과 미완료상으로 구분할 수 있는데, 이를 그림으로 나타내면 다음과 같다.

〈그림 8-1〉 한 구문의 상 도출과정

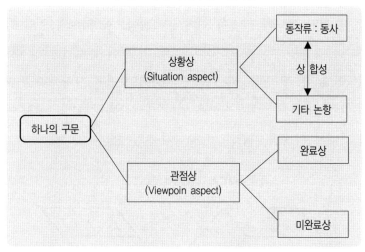

중국어의 경우 관점상이라고 일컬어지는 '了'·'着'·'過'가 부분적으로 상황상의 상 합성 작용에 참여하며, 상황상의 보어와 같은 일부 요소 역시 완료상화하는 기능을 가졌는데, 이를 그림으로 나타내면 다음과 같다.

〈8-2〉 중국어 구문의 상 도출 과정

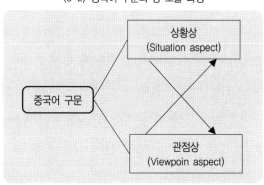

　결국 중국어의 한 구문의 상은 상황상과 관점상 간에 상호작용을 할 뿐만 아니라 그것을 넘어서 직접적으로 서로의 영역에 개입하여 영향을 주는데, 이 점이 바로 이 언어가 지닌 가장 큰 특징이라고 할 수 있다. 이로 인해 중국어의 경우 상황상과 관점상이 다른 언어와 달리 복잡하게 얽혀있는 현상이 야기되는데, 이러한 관계는 아래의 그림과 같이 나타낼 수 있다.

〈그림 8-3〉 중국어 구문의 상

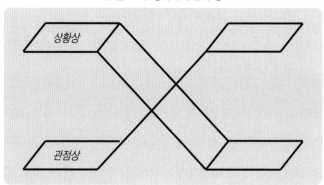

　그럼에도 불구하고 우리는 이중성의 관점에서 상을 단계별로 구분해야할 필요가 있다. 이는 양자를 구분한 다음 얽힘을 인식할 수 있는데, 만약 처음부터 얽힌 상태로 인식한다면, 중국어 상의 이중성과 그 중간상태를 파악하기 힘들기 때문이다.

　본서에서는 또한 인지문법의 관점에서 중국어의 '了'·'着'·'過'가 시공간에 걸쳐 얽혀있는 실상화 혼합 표지(hybrid marker)라고 잠정적으로 결론지었지만 이에 관해서는 향후 좀 더 심도 있는 연구를 진행하고자 한다.

참고문헌

1. 국문출판(가나다순)

김종도(1996), <상 의미의 이중성 연구>, ≪담화와 인지≫.

_____(2002), ≪인지문법의 디딤돌≫, 도서출판 박이정.

박건영(1994), ≪중국어의 把字句 연구≫, 연세대학교 박사논문.

박종한(1996), <인지문법에 의한 현대 중국어 다의어 연구>, ≪중국언어연구≫ 5.

신준호(1998), ≪현대 중국어 把구문의 동사 전후 성분에 대한 고찰≫, 고려대학교 석사논문.

이은수(2003), ≪현대 중국어 상 표지 연구≫, 고려대학교 박사논문.

_____(2008), <중국어 상황상과 了, 부정사>, ≪중국어문논역총간≫ 23.

이창호(1998), <상과 중국어의 결과보어>, ≪中語中文學≫ 22.

임혜원(2004), ≪공간 개념의 은유적 확장≫, 한국문화사.

유영기(1998), <중국어 '動補構造'의 통시적 연구>, ≪언어학≫.

조경환(2005), ≪현대 중국어 把字句의 把-NP와 時空영역 연구≫, 고려대학교 석사논문.

_____(2008), <把字句와 도상성>, ≪中國語文論叢≫ 37.

_____(2009a), ≪현대 중국어 把字句의 객관성·주관성 연구≫, 고려대학교 박사논문.

_____(2009b), <중국어의 종결과 결과>, ≪中國語文論叢≫ 41.

_____(2009c), <중국어의 상 합성에 관한 소고>, ≪中國語言研究≫ 30.

_____(2010), <중국어 상의 객관성과 주관성>, ≪中國學論叢≫ 27.

_____(2011), <중국어의 종결성과 척도성>, ≪中國語文學論集≫ 71.

_____(2012), <동사, 了, 그리고 把字句>, ≪中國語文論叢≫ 52.

_____(2014), ≪중국어 구문론≫, 한국문화사.

최규발·조경환(2006b), <把字句와 상(Aspect)>, ≪中國言語研究≫ 23.

_____(2007), <把字句와 결과보어(Resultatives)>, ≪中國語文論叢≫ 33.

_____(2010), <중국어의 PVC에 관한 소고>, ≪中國語文論叢≫ 45.

최해영(1997), <상의 이중적 본질에 관한 연구>, ≪인문과학연구≫ 2.

2. 중문출판(병음순)

曹廣順(1986), <≪祖堂集≫中的'底(地)''却(了)''著'>, 蔣紹愚·江藍生 編, ≪近代 漢語研究≫2, 商務印書館.

陳前瑞(2008), ≪漢語體貌研究的類型學視野≫, 商務印書館.

陳　忠(2009), ≪漢語時間結構研究≫, 世界圖書出版公司.

陳　平(1988), <論現代漢語時間系統的三元結构>, ≪中國語文≫ 6.

崔希亮(1995), <'把'字句的若干句法語義問題>, ≪世界漢語教學≫ 3.

戴耀晶(1996), ≪現代漢語時體系研究≫, 浙江大學出版社.

鄧守信(1985), <漢語動詞的時間結構>, ≪漢語語法論文集(2005)≫, 文鶴出版有限公司.

龔千炎(1995/2000), ≪漢語的時相·時制·時態≫, 商務印書館.

顧　陽(1999), <動詞的體及體態>, ≪共性與個性≫, 北京語言文化大學出版社.

＿＿＿(2008), <時體,時制理論與漢語時間參照研究>, ≪唐代語言學 理論和漢語研 究≫, 商務印書館.

金立鑫(2000), <現代漢語'了'的時體特徵>, ≪語法的多視覺研究≫, 上海外語教育出 版社.

蔣紹愚(2008), <漢語'廣義處置式'的來源>, ≪歷史語言學研究≫ 1.

黎天睦(Light 1991), <黎天睦論'着'的核心意義>, 王宗炎譯, ≪國外語言學≫ 1.

林新平(2006), ≪祖堂集的動態助詞研究≫, 上海三聯書店.

劉培玉(2001), ≪現代漢語把字句研究≫, 復旦大學博士學位論文.

呂叔湘(1948), <'把'字用法研究>, ≪呂叔湘全集(2002)≫第2卷, 遼寧教育出版社.

＿＿＿(1957/2010), ≪中國文法要略≫, 商務印書館.

馬希文(1982), <關於動詞'了'的弱化型式/·lou/>, ≪邏輯·語言·計算≫, 商務印 書館.

木村英樹(1983), <關於補語性詞尾'著'/zhe/和'了'/le/>, ≪語文研究≫ 2.

＿＿＿＿(2008), <認知語言學的接地理論與漢語口語體態研究>, ≪唐代語言學理論 和漢語研究≫, 商務印書館.

彭小川 외(2004), ≪對外漢語教學語法解釋201例≫, 강춘화 외 옮김(2007), ≪틀리기 쉬운 중국어 어법 201≫, 다락원.

邵敬敏(1985), <'把'字句及其變換句式>, ≪漢語語法的立體研究(2000)≫, 商務印書館.

沈家煊(1998), ≪不對稱和標記論≫, 江西教育出版社.

石毓智(2001), ≪漢語語法化的歷程≫, 北京大學出版社.

＿＿＿(2006), <處置式的産生和發展>, ≪語法化的動因與機制≫, 北京大學出版社.

孫錫信(1999), ≪近代漢語語氣詞≫, 語文出版社.

王　惠(1993), <'把'字句的'了/着/過'>, ≪漢語學習≫ 1.

＿＿＿(1997), <從及物性系統看現代漢語的句式>, ≪語言學論叢≫ 19, 商務印書館.

王紅旗(2003), <'把'字句的意義究竟是什么>, ≪語文研究≫ 2.

王　還(1959), ≪'把'字句和'被'字句≫, 上海敎育出版社.

王　力(1943/1984), <處置式>, ≪中國語法理論≫, ≪王力文集≫ 1, 山東敎育出版社.

_____(1943/1985), <處置式>, ≪中國現代語法≫, ≪王力文集≫ 2, 山東敎育出版社.

吳福祥(2003), <再論處置式的來源>, ≪語言研究≫ 3.

吳　雲(2004), <'過'引伸用法的認知分析>, ≪語言文字學≫ 10.

徐　丹(1992), <漢語里的'在'與'着'>, ≪中國語文≫ 6.

　　(2004),≪漢語句法引論≫, 北京語言大學出版社.

楊素英(1998), <從情狀類型來看把字句>, ≪漢語學習≫ 2.

_____(2000), <漢語當代動貌理論>, ≪語法研究和探索≫ 9.

楊永龍(2003), <'朱子語類'的'了'>, ≪語法化與語法研究≫ 1, 商務印書館.

張伯江(2000), <論'把'字句的句式語義>, ≪語言研究≫ 1.

張旺熹(1991), <'把'字結構的語義及其語用分析>, ≪漢語特殊句法的語義研究≫, 北
　　　　　京語言文化出版社.

_____(2001), <把字句的位移圖式>, ≪語言敎學與研究≫ 3.

張豫峰(2006), ≪現代漢語句子研究≫, 學林出版社.

朱德熙(1980), ≪語法講義≫, 허성도 옮김(1997), ≪현대 중국어 어법론≫, 사람과
　　　　　책.

3. 영문출판(ABC순)

Bach Emmon(1986), "The Algebra of Events", *Linguistics and Philosophy* 9.

Binnick, Robert(2012), *The oxford Handbook of Tense and Aspect*, Oxford Univ
　　　　　Press.

Brinton, Laurel(1988), "Verb typologies : an approach to aktionsart", *The
　　　　　Development of English Aspectual Systems*, Cambridge Univ. Press.

Chang, L, H(2003), *Linguistic Subjectivity and the Use of the Mandarin Le in
　　　　　Conversation*, Doctoral dissertation, The University of New Mexico.

Chao, Yuan-Ren(1968/2004), *A Grammar of Spoken Chinese*, 商務印書館.

Chief, Liancheng(2007), *Scalarity and Incomplete Event Description in Mandarin
　　　　　Chinese*, Doctoral dissertation, The State University of New York.

Chu, Chauncey(1976), 'Some Semantic Aspects of Action Verbs', *Lingua* 40.

Comrie, Bernard(1976), Aspect, 이철수·박덕유 옮김(1998), ≪동사 상의 이해≫,
　　　　　한신문화사.

Dahl Östen(1981), "On the Definition of the telic-atelic distinction", *Syntax & Semantics* 14. Academic Press, Inc.

Ding, Picus Sizhi(2001), "Semantic Change vs Categorical Change : A study of the Development of Ba in Mandarin", *JCL* 29.

Dowty, David(1991), "Thematic proto-roles and argument selection", *Language* 67.

Filip, Hana(1999), *Aspect, Eventuality Types, and Nominal Reference*, Graland Publishing, Inc.

Filip, H. & Rothstein, S.(2005), "Telicity as a semantic parameter", *Formal approaches to Slavic linguistics* 14, Michigan Slavic publication.

Givon, Talmy(1993), English Gammar, *A Functional-Based Introuduction*, 김은일 · 박기성 · 채영희 옮김(2002), 박이정.

Hay Jennifer, Kenndy Chris and Levin Beth(1999), "Scalar Structure Underlies Telicity in Degree Achievements", *SALT IX*, CLS publications.

He, baozhang(1992), *Situation Types and Aspecctual Classes of Verbs in Mandarin Chinese*, Doctoral dissertation, the Ohio State University.

Huang, Meei-jin(1987), *A General system and its manifestation in Mandarin Chinese*, Doctoral dissertation, Rice University.

Johnson, Mark(1987), *Body in the Mind*, 이기우 옮김(1992), 《마음속의 몸》, 한국문화사.

Keans, Kate(2000), *Semantics*, 이영현 · 유재현 올김(2003), 《의미론의 신경향》, 한국문화사.

Kennedy, Chris(2010), "The Composition of Incremental Change", *12 the international Symposium on Chinese Languages and Linguistics*, June 19-21, 2010, Taipei, Taiwan.

Kövecses Zoltan(2000), *Metaphor*, 이정화 외 옮김(2002), 한국문화사.

Koenig & Chief(2008), "Scalarity and state-changes in Mandarin", *Empirical Issues in Syntax and Semantics* 7.

Krifka Manfred(2001), "The Mereological Approach to Aspectual Composition", *Conference Perspectives on Aspect, University of Utrecht, OTS, Dec 12-14, 2001.*

Langacker, Ronald(1987), *Foundations of Cognitive Grammar I*, 김종도 옮김(1999), 《인지문법의 토대(I)》, 도서출판 박이정.

_____(1991), *Foundations of Cognitive Grammar II*, 김종도 옮김(1999), 《인지문법의 토대(II)》, 도서출판 박이정.

_____(2008), Cognitive Grammar : A Basic Introduction, 나익주 외 옮 김(2014), ≪인지문법≫, 도서출판 박이정.

Leslie Fu-mei, Wang(2002), "Motion Verb to an Aspect Marker: A study of Guo in Mandarin Chinese", *Concentric : Studies in English Literature and Linguistics 28.*

Li Charles and Thompson Sandra(1981), *Madarin Chinese*, 박정구 외 옮김(1989), ≪표준 중국어문법≫, 한울아카데미.

Lin Jo-Wang(2008), "Event decomposition", *Event structure*, Walter de Gruyter.

Liu, Feng-Hsi(1997), "An aspectual analysis of BA", *Journal of East-Asian Linguistics 6.*

_____(2003), "Definite NPs and telicity in Chinese", *Snippets* 7.

Ljungqvist Marita(2007), "Le, guo and zhe in Mandarin Chinese : a relevance-theoretic account", *Journal of East Asian Linguist* 16.

Lyons John(1977), Semantics 2, 강범모(2011), ≪의미론 2≫, 한국문화사.

Maslov Jurij(1988), "Resultative, Perfect and Aspect", *Typology of Resultative Constructions*, John Benjamins Publishing Company.

Pena, Sandra(2003), *Topology and Cogtnition*, 임지룡・김동환 옮김(2006), ≪은유와 영상도식≫, 한국문화사.

Rothstein, Susan(2004), *Structuring Events*, Blackwell Publishing.

Saeed, John(2003), *Semantics*, 이상철 역(2004), ≪최신의미론≫, 한국문화사.

Shi, zhi qiang(1990), "Decomposition of Perfectivity and Inchoativity and the Meaning of the Particle Le in Mandarin Chinese", *JCL* 18.

Soh, Hooi Ling & Gao, Meijia(2006), "Perfective Aspect and Transition in Mandarin Chinese", *Proceedings of the 2004 Texas Linguistics Society Conference, ed.*

Soh, Hooi Ling(2014), "Aspect", *The Handbook of Chinese Linguistic*s, Wiley Blackwell.

Smith Carlota(1991, 1997), "The Aspectual System of Mandarin Chinese", *The Parameter of Aspect*, Klewer Academic Publishers.

_____(1994), "Aspectual Viewpoint and Situation Type in Mandarin Chinese", *Journal of East Asian Linguistics* 3.

Smollett Rebecca(2005), "Quantized direct objects don't delimit after all", *Perspectives on Aspect*, Springer.

Soh, Hooi Ling & Kuo, Jenny Yi-Chun(2005), "Perfective Aspect and

Accomplishment Situation in Mandarin Chinese", *Perspectives on Aspect*, Springer.

Sun, Chaofen(1995), "Transitivity, the Ba construction and its History" *JCL23*.

_____(1996), *Word-Order Change and Grammaticalization in the HIstory of Chinese*, Stanford Univ. Press.

Sybesma, Rint(1997), "Why Chinese Verb-LE is a Resultative Predicate" *Journal of East-Asian Linguistics* 6.

_____(1999), The Mandarin VP, Kluwer Academic Publishers.

Tai, James(1984), "Verbs and Times : Vendler's Four Categories", *Chicago Linguistic Society*.

Tenny, Carol(1994), *Aspectual Roles and the Syntax-Semantics Interface*, Klewer Academic Publishers.

Ungerer, Friedrich & Shmid, Hans-jörg(1996), *An introduction to Congnitive Lingsuitics*, 임지룡·김동환 옮김(1998), ≪인지 언어학 개론≫, 태학사.

Van Voorst, Jan(1988), *Event Structure*, John Benjamin Publishing Co.

Vendler, Zeno(1967), "Verbs and Times", *Linguistics in Philosophy*, Cornell University Press.

Verkuyl Henk(1993), *A Theory of Aspectuality*, Cambridge Univ. Press.

_____(1999), *Aspectual Issues*, CSLI Publications.

_____(2005), "Aspectual Composition", *Perspectives on Aspect*, Springer.

Wechsler(2005), "Resultatives under the 'Event-Argument Homomorphism Model of Telicity", *The Syntax of Aspect*, Oxford University Press.

Xiao Zhong-Hua & Anthony McEnery(2004), *Aspect in Mandarin Chinese*, John Benjamin publinshing co.

Yang, Suying(1995), *The Aspectual System of Chinese*, Doctoral dissertation, University of Victoria.

Yong, Shin(1993), *The Aspectual Phenomena of the Ba construction*, Doctoral dissertation, University of wisconsin-madison.

저자 소개

조 경 환

(현) 한국연구재단 학술연구교수
고려대학교 중문과 졸업, 고려대학교 중문과 석사, 박사
고려대학교 중국학연구소 연구교수 역임
한국연구재단 박사후(Post-Doc) 과정 수료

저서 및 논문
「把字句와 使字句의 비대칭성 고찰」
「중국어의 종결성과 척도성」(2012년 교과부 우수논문)
「17·18세기 서양 선교사들의 문법서에 관한 소고」 외 다수
『쿵푸 영화 이야기』(2011)
『중국언어학입문』(2012, 공역)
『북경상점』(2013)
『중국어 구문론』(2014)

연구 분야 : 중국어 구문, 사건구조와 상, 인지문법

중국어의 상 : 안과 밖

초판 인쇄 2015년 4월 1일
초판 발행 2015년 4월 10일

지은이 조경환
펴낸이 이대현
편 집 이소희
펴낸곳 도서출판 역락
　　　　서울 서초구 동광로 46길 6-6 문창빌딩 2층
　　　　전화 02-3409-2058(영업부), 2060(편집부)
　　　　팩시밀리 02-3409-2059
　　　　이메일 youkrack@hanmail.net
　　　　등록 1999년 4월 19일 제303-2002-000014호
　　　　역락 블로그 http://blog.naver.com/youkrack3888

I S B N 979-11-5686-171-3 93720
정 가 15,000원

＊파본은 구입처에서 교환해 드립니다.
＊이 도서의 국립중앙도서관 출판예정도서목록(CIP)은 서지정보유통지원시스템 홈페이지(http://seoji.nl.go.kr)와
　국가자료공동목록시스템(http://www.nl.go.kr/kolisnet)에서 이용하실 수 있습니다.(CIP제어번호 : CIP2015009615)